청년 예수·붓다·마호메트에게서 배우는 실존적 삶의 비결

청년의 빅퀘스천

청년의 빅퀘스천

BIG QUESTION

| 청년 예수 · 붓다 · 마호메트에게서 배우는 실존적 삶의 비결 |

| 이성청 지음 |

책으로여는세상

청년이 갖는 존재론적 가치는 무엇일까?

현재 딛고 서 있는 안전지대를 떠나
진정한 나authentic self를 찾아 나서는 삶이
바로 청년의 삶이다.

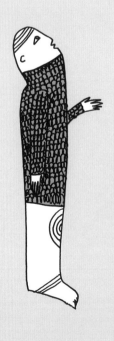

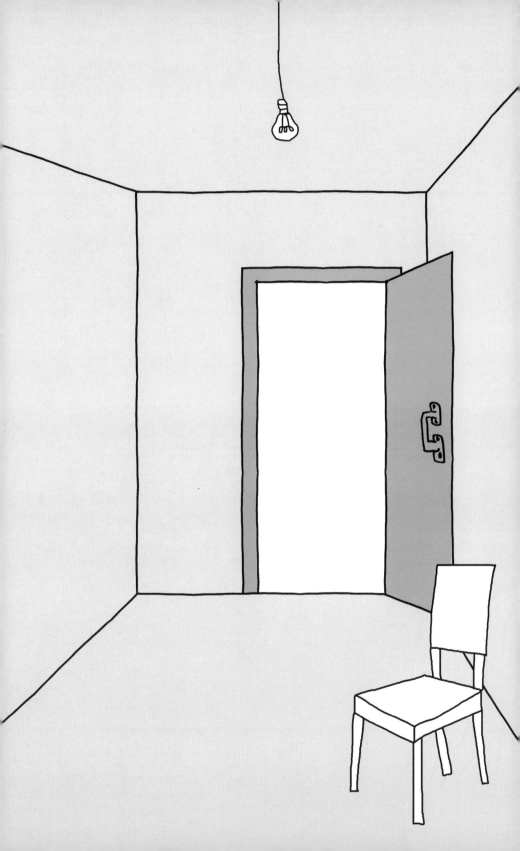

왜냐하면 안전지대 안에서는
'나는 누구인가?', '나는 왜 사는가?'라는
실존적 질문이 일어날 수 없기 때문이다.

안전지대를 떠나게 할
마법과 같은 질문은 바로

'나는 누구인가?'이다.

생존을 위한 질문에서
삶을 위한 질문으로

청년이 죽어 가고 있다!

그 태생을 알 수 없는 수저계급론(금수저/흙수저)은 꿈꾸는 자를 몽상가라 부르고, 열정을 가진 자를 철부지라 조롱하며, 노동자를 노역자forced laborer로, 그리고 혁명가를 문제아로 폄하하고 있다. 많은 사람들이 한국을 개천에서 더 이상 용이 나지 않는 헬조선이라 개탄하며 탈조선을 외치고 있다. 청년 실업률이 12%로 1999년 이후 최악이라고 하고, 대학 졸업자 4명중 1명은 무직이라 하니 그도 그럴 만하다. 청년이 죽어가고 있다!

다른 나라들도 별 반 다를 바 없다. 미국과 캐나다는 청년 문제를 '부메랑세대Boomerang Generation' 혹은 '성인아이Adult Children'라는 신조어를 통해 실감하고 있다. 2014 퓨연구센터Pew Research Center의 통계에 따르면 부모 혹은 다른 세대의 가족과 함께 살며 경제적으로 의지하는 청년 인구가 24%를 육박하고 있다. 이는 80년대 수치의 두 배다. 캐나다의 부메랑세대는 2000년도에 이미 41%을 찍었다. 사회는 이 청년 세대의 문제를 경제적 문제라고 한다. 일자리가 부족하고 노동시장이 경직되어 있기 때문이라고 한다. 교육과 노동시장의 미스매치가 원인이라며 청년들에게 일자리를 향한 눈높이를 낮추라고 한다.

잘못된 판단이다. 청년의 문제는 밥그릇이나 수저의 문제가 아니라 질문의 문제이다. 질문은 호기심을 전제하고 자기반성을 이끌고, 결단과 행동을 예비한다. 잘못된 질문을 잘못된 방식으로 하거나 질문 자체가 없는 것이 문제다. 청년들이 삶을 위한 질문Question for Life 대신에 생존을 위한 질문Question for Survival을 던지는 것이 문제다. 버트란드 러셀Bertrand Russell의 말로 풀면, 생존을 위한 질문은 '몸을 위한 양식food for the body'을 구하는 질문이다. 삶을 위한 질문은 '마음의 양식food for the mind'을 구하는 질문이다.

생존을 위한 질문은 그 질문의 대상object과 그것을 획득하는 방법means에 관한 질문인데, '무엇what'과 '어떻게how'에 초점이 맞춰져 있다. 질문자인 '나'가 소외되어 있다. 그러나 삶을 위한 질문은 '왜why'로 시작한다. '내가 궁금하고, 내가 알아야겠다'는 뉘

앙스가 담겨져 있다. 이는 무엇이 되고 무엇을 얻기 전에, 왜 그래야 하는지에 대한 보다 근본적인 질문을 던지는 것이다. 생존을 위한 질문이 자연적 욕구를 충족시킬 수 있는 공식, 즉 타아가 발견하고 그 실효를 인정한 비결을 찾기 위한 질문이라면, 삶을 위한 질문은 나를 사유하고, 인생을 반성하고, 세상을 통찰하는 거대질문Big Question이다.

청년으로 세상이라는 광야에 외로이 던져진 나, 내 의식의 소리에 귀를 기울여야 한다. 인간이라는 종species으로서, 그리고 '나'라는 인간으로 각자가 받은 소명을 깨치자! 그럴 때 우리는 사람과 인생, 자연과 우주, 그리고 신을 정직하게 마주할 수 있다. 이것이 바로 행복을 향한 서막이다.

PART 2

실존적 삶을 위한
청년의 Big Question

PART 3

Big Question을 위한
삶의 기술들

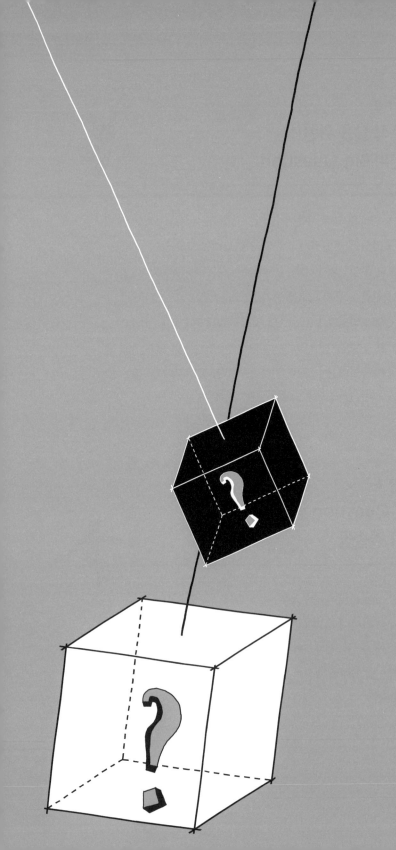

PART 1

'청년' 예수 · 붓다 · 마호메트의
Big Question

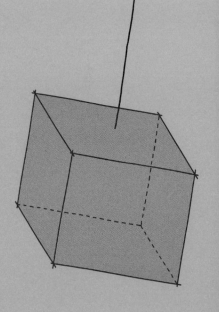

내 안에 잠든
청년을 깨워라

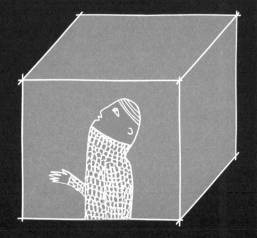

"To live is the rarest thing in the world. Most people exist, that is all."

19세기를 풍미한 세계적인 소설가이자 시인인 오스카 와일드Oscar Wilde는 세상 대부분의 사람들은 그냥 '존재exist' 할 뿐이지 정작 인생을 '살아나가지live'는 못하고 있다고 지적했다. 이것은 우리 가운데 많은 이들이 환경의 무게 때문이든 아니면 자신이 만든 심리적 굴레 때문이든 삶에 '던져졌다'라고 느낄 뿐이지 스스로가 '삶의 주체'라고 느끼지 못하고 있다는 뜻이다.

물리적 조건이 아무리 좋다 해도 마음의 평정과 행복을 쉽게 찾을 수 없는 것이 인생이다. 혹시 찾았다 해도 이내 놓치는 이유는, 물론 여러 가지 이유가 있겠지만, 우리가 쥐고 있어야 할 인생의 방향타와 동력을 잃었기 때문은 아닐까?

'사는 게 사는 게 아니다' 또는 '죽지 못해 산다'라는 일상의 푸념처럼 삶에 끌려가기보다 삶을 누리며 살아가기 위해서는 불을 지펴야 한다. 이 불은 청년의 불인데, 의식과 혼을 담아 땀으로 불고 지펴야만 타는 불이다. 이것은 내 안에 버려둔 또는 잊혀진 '청년'을 되살리는 일이다.

여기서 말하는 청년은 단지 특정 세대에 관한 범주나 정의가 아니다. '진정으로 젊어지는 데 아주 오랜 시간이 걸린다'고 한 피카소와, '인생의 대부분을 사람들은 나이를 의식하지 않고 산다'고 한 밀란 쿤데라의 말을 되새겨보면 청년은 분명 나이가 결정하는 것이 아니다. 성숙한 육체와 탄력 있는 지성 그리고 분출되는 감성에는 솔직하면서 인생의 근원과 소명 그리고 그것이 가야 할 곳에 대해 끊임없이 질문하는 실존적 삶이 바로 청년의 삶이다.

청년에게 있어 삶은 밖에서 이루어내야 할 객체나 대상 또는 과제가 아니라, 스스로 우뚝 선 자아가 세상을 향해 힘차게 내딛는 일련의 발자취다. 구체적으로 말하면 사람의 생각과 의지, 감정, 행동 그리고 영성 사이의 경계선들이 허물어져 분열 없이 살아나가는 삶을 뜻한다. 내가 내 인생의 주인이 되었으니 스스로를 배신할 이유가 없고, 그로 인해 사람과 세상에게 정직해질 수 있는 삶이다. 이것이 바로 완전체의 생명으로 살아가는 청년의 삶이다.

유년, 소년, 장년, 노년과 달리 청년이 갖는 독특한 존재론적 가치는 무엇일까?

청년은 바람 부는 광야에 홀로 선 자와 같다. 그가, 그녀가 보고 느끼고 경험하는 세상은 황량한 자연이고, 자신의 삶의 뿌리와 갈 곳을 알지 못해 불안해하는 외롭고 고독한 존재다. 청년은 자신 앞에 펼쳐진 세상에 질문하고, 도전하고, 미지의 세계를 향해 떠나는 존재다. 그리고 끓는 피와 불붙은 지성으로 인해 도약하는 존재다.

그러나 유한의 자연성natural necessities과 무한의 영성unconstrained spirituality의 간격 때문에 고민하는 존재이기도 하다. 이는 고삐 풀린 욕구와 무한한 비전을 담을 수 없는 육체적 또는 물리적 한계에 관해 고뇌하는 존재임을 뜻한다. 그래서인지 우리 사회에서 한계를 뛰어넘고 시대의 막힌 기를 뚫는 사람들은 언제나 청년들이었다. 우리 민족사는, 청년이 봉건적 사회·문화에 도전한 계몽운동의 선구자였고 근대화를 향해 문명의 빗장을 연 창조 세대였음을 증거하고 있다. 조선청년애국회, 황성기독교청년회, 상동청년학원, 청년학우회, 대동청년단 그리고 3.1운동과 80년대 민주화 학생운동을 주도했던 청년 조직들은 좌초된 국운을 품에 안고 새 시대를 향해 내달렸다.

삶 그리고 새 미래를 향해 뛰는 가슴과 뜨거운 열정 그리고 지적 호기심으로 무장한 청년은, 이미 쓰인 희곡의 주인공이 아니라 한 인생을 집필하는 저자이자 새롭게 기록될 역사의 주체다. 그래서 청년은 안전지대를 떠나는 존재다. 마치 애벌레에게는 변태가 자신의 존재와 성장을 위해 필연적 과정인 것처럼, 청년의 커진 머리와 부풀어 오른 가슴은 '현재의 나who I am'에게, 미래에 '내가 있어야 할 곳where I should be'에 관해 심오한 질문을 던지게 한다. 팽창하는 삶에 대한 욕구와 호기심이 현재의 나를 떠나게 한다. 끊임없이 솟구치는 존재를 향한 새 에너지를 더 이상 담아낼 수 없는, 그래서 현재 두 발을 딛고 서 있는 안전지대를 떠나 진짜 나를 찾아 나서는 삶이 바로 청년의 삶이다.

여키스Robert M. Yerkes나 도슨John D. Dodson 같은 심리학자들은 심리적 안전지대를 떠나 약간의 불안을 경험하는 것이 생산성과 자기 발전에 도움이 된다고 했다. 하지만 나는 경제적 유용성 때문이 아니라 '진정한 나authentic self'를 찾는 여정의 필수적 단계로 그 경험이 필요하다고 생각한다. 왜냐하면 안전지대 안에서는 '나는 누구인가?', '내 인생의 목적은 무엇인가?', '나는 왜 사는가?'라는 실존적 질문이 일어날 수 없기 때문이다.

안전지대는 친숙하며 익숙하고 통제 가능한 분위기 속에서 예기된 사건들을 만나고, 기대되는 행동으로 반응하고 결과를 기다리면 되는 무사한 삶의 공간 또는 태도를 말하는데, 이곳에서는 인생에 대해 '왜?'라는 심오한 질문을 던지기가 쉽지 않다. 도전과 용기보다는 수긍과 학습만이 존재할 뿐이기 때문이다. 안전지대 안에 뿌리를 내린 사람들은 겉으로는 다양한 모습으로 살고 있지만 심리적 상태는 기계적이며 획일적이다. 함께 세워놓은 원칙과 가치에 충성하고 그것에 따르는 것이 좋은 인생이라고 느낄 뿐이기 때문이다.

그러나 각 인생이 저마다의 가치와 의미를 찾고 누리길 원한다면, 안전지대를 떠나야 한다. 그리고 안전지대를 떠나게 할 마법과 같은 질문은 바로 '나는 누구인가?'이다.

청년의 질문
'나는 누구인가?'

나는 누구인가?

이 질문은 형이상학과 알려지지 않은 세계를 논하고 탐구하는 철학자나 종교가들만이 고민하는 주제나 질문이 아니다. 오히려 직장을 구하지 못해 고민하고, 불확실한 미래에 불안해하고, 가슴 속 깊은 곳에 가두어놓은 꿈들에 대해 안타까워하고, 공평치 못한 세상에 울분을 토하는 청년들이 스스로에게 던져야 할 삶의 실제적인 질문이다.

부모의 보호와 그늘 아래서 숨 쉬고 성장하는 유아기와 유년기에는 '나는 누구인가?'라는 질문의 심각성과 긴급성은 실재적이지도 실존적이지도 않다. 생리학적으로 그리고 사회학적으로 그같은 인식론적인 질문과 도전을 할 처지도 못 되고 힘도 없다.

그러나, 당신은 이제 언제나 친숙하고 편안하게만 보였던 사람과 세상이 더 이상 친숙하지도, 낭만적이지도, 이성적으로도 보이지 않는, 길 잃은 청년이 되어 버렸다. 비록 육체적으로는 성숙하고 사회적으로는 독립된 존재로 인정받았으나, 의지와 상관없이 사막 같은 세상에 가차 없이 던져져 이리 저리 바람에 흩날리는 먼지 같은 존재가 되고 말았다.

만약 내가 누구인지, 내가 원하는 것이 무엇인지 생각하기도 전에 세상이 내게 무엇을 원하는지, 그리고 내가 어떠한 존재가 '되느냐to be'라는 자연성보다 '되어야 하느냐ought to be'라는 당위성에만 골몰하고 있다면, 당신은 숨 쉬는 생명체일 뿐 살아 있는 청년은 아니다. 이제까지 당신을 정의하는 것이 가족이었고, 사회였고, 국가였고, 전통이었고, 제도였다면, 청년인 당신은 지금 그 정의를 향해 질문하고 도전할 지성을 일으키고 그것을 지속시킬 불같은 열정을 지펴야 한다.

헤밍웨이는 세상에서 가장 불행한 것이 남에게 지나치게 귀기울이거나 타인을 지나치게 사랑한 나머지 자기 자신의 목소리를 듣지 못하고 자기 자신을 잃어버리는 것이라 했다. 나를 찾고 내 목소리를 찾아야 한다. '나는 누구인가?'라는 질문에 가슴이 답답해 오고, 머리가 멍해지고, 알 수 없는 불안감이 마음을 엄습한다면 바로 이때가 당신 안에 잠들어 있는 청년을 깨울 가장 적절한 때다.

내 안에서 들려오는 소리에
답이 있다

"나는 도대체 누구인가?"

이 질문은 세상에 던질 또는 세상으로부터 받을 질문이 아니라 나의 진짜 삶을 찾고 누리기 위해 꼭 풀어야 할 인생의 내재적 수수께끼 같은 것이다. 이 질문은 '공동체와 세상이 나를 어떻게 규정하느냐'라는 사회학적 질문도 아니고, '내 과거와 무의식적 경험이 나를 어떻게 규정하느냐'라는 프로이트의 심리학적 질문도 아닐뿐더러, 시나이 산에 내려진 모세의 법도, 히라 동굴에 내려진 마호메트의 계시나 힌두 베다에나 나올 법한 종교 철학적인 질문도 아니다. 대신 육체적, 사회문화적, 종교적, 심리적 굴레와 한계에 매인 내 존재가 스스로를 향해 대화의 창을 열 때 끊임없이 우러나오는 자존적이고 자연적인 질문이며, 실존적인 질문이요, 스스로 풀어야 할 질문이다.

이 실존적 질문은 끌려가는 삶driven life이 아니라 누리는 삶 fulfilling life을 살기 위해 스스로 꼭 대답해야 할 임박한 문제다. 그러기 위해서는 독립된 객체로 세상에 나가기 전에 자신을 먼저 돌아봐야 한다. 그리고 자기 스스로에게 질문을 던져야 한다. 직장을 구하고, 돈을 벌고, 가정을 일구기 전에 자신이 누구이고, 무엇을 원하고, 인생에서 어떤 소명이 있는지를 먼저 찾아야 한다. 그리고 그 것에 성실히, 정직히 응답해야 한다.

'나는 누구인가'라는 질문에 이미 수많은 현자들이 다양한 대답을 내놓았다. 유물론자들은 자의식self-consciousness이나 자아 self를 물리적 육체 안에서 일어나는 뇌의 화학물질들의 반응에 지나지 않는다며 이 질문의 형이상학적 가치 자체를 평가절하했고, 데카르트Descartes 같은 이원론자들은 영혼이 인간을 인간으로 만드는 핵심이라 주장하며 '생각하는 자아'에서 해답을 찾았다. 또 『인간 오성론』으로 유명한 존 로크John Locke는 기억이 사람을 만든다고 주장했다. 특정 기억의 총체와 패턴이 의식의 상태를 만들고 그것이 자아를 형성한다는 이야기다. 반면 불교 철학은 '누구'라는 것은 실체 없는 개념이라고 주장한다. 불교의 존재론과 우주론에 따르면 모든 것들은 카르마흔히 업, 업보라 하는데, 전생에 지은 행위로 인해 현세에서 받는 응보로 쉽게 이해할 수 있다로 연결되어 있고 끊임없이 변하기 때문에 개별적 또는 독립적 존재나 자아는 허상일 수밖에 없다고 말한다.

이 모든 철학적 해답은 일리가 있으나 일상에서 우리가 쉽게 받아들일 수 있는 설득력 있는 답변은 아니다. 앞서 말한 전통적 철학들이 '나는 누구인가'라는 질문에 그 구성인構成因을 규명하는 데 초점을 맞춘 반면, 나는 사회적이고 윤리적인 답변이 더 적절하다고 본다.

'나는 누구인가'라는 질문을 깊이 생각해보면, 이것은 '내가 다른 인생들과 사회 그리고 자연과 어떻게 관계할 것인가' 하는 사회적·관계적 질문이고, 또 '어떤 가치를 가지고 내 인생을 살아나갈 것인가' 하는 윤리적 질문임을 알 수 있다. 이것은 내 존재가 단지 물질적인지, 영적인지 아니면 심리적인지 하는 '질'의 문제가 아니라 삶이 어떤 모습으로 무엇을 향해 나아가야 하는지에 대한 '방향과 관계'의 문제라는 것을 말해준다.

그러므로 청년으로 세상에 던져진 인생들은 자기 안에서부터 흘러나오는 내면의 욕구와 의지가 어디로 향하고 있는지를 세심하게 관찰해야 한다. 자아 안에서부터 우러나오는 소리, 욕구, 의지에 바로 그 해답이 있기 때문이다.

답을 찾으려면
'무지'의 자세가 필요하다

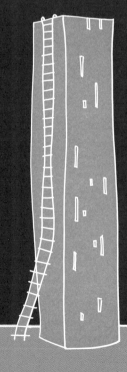

내 안의 순수한 소리와 욕구 그리고 의지를 찾기 위해서는 먼저 세상으로부터 쓰나미처럼 쏟아져 들어오는 소리를 막아야 한다. 세상을 향해 막연히 그리고 가감 없이 열려진 의식의 창과 문을 잠시 닫아야 한다. 나의 의식에 가득 찬 허상을 과감히 지워야 한다. 참 자아와 나를 일으키기 위해 청년의 영에게 필요한 것은 삶을 향한 결연한 의지와 그 의지를 깨끗하고 넉넉하게 담을 투명한 의식뿐이다.

청년에게는 무지와 무시의 힘power of not knowing이 필요하다. '모르는 게 약'이라는 말이 있다. 물론 이 말이 사물과 세상에 관한 무지함이 복을 가져온다는 말은 아닐 터이다. 소유한 많은 지식이 삶의 행복을 가져오지 못하는 이유는 지식이 머릿속에서 정보나 공식으로만 존재할 뿐 사람의 삶 안에서 내면화되어 성품과 성향의 변화를 이끌어내지 못하기 때문이다. 오히려 무언가를 알고 있다는 사실이 삶의 지경과 잠재성을 억누르고 새로운 지혜를 얻는 데 장애가 될 수도 있다는 말이다.

소크라테스는 자신이 무지하다는 사실을 알고 있는 것을 덕이라 여겼고, 그 때문에 목숨까지 잃었다. '아무것도 알고 있지 않다는 것'과 '아무것도 알고 있지 않다는 사실을 알고 있다'는 것은 엄청나게 다르다. 그냥 무지하다는 것은 무지의 상태만을 의미하지만, 무지하다는 사실을 알고 있다는 것은 반어적 표현irony으로 알기를 원한다는 잠재적 의지를 품고 있다.

소크라테스의 이 무지의 힘은 끊임없이 신지식과 신세계를 갈망하고 탐구하는 청년들에게는 최고의 덕목이다. 기원전 6세기, 수많은 그리스 청년들이 소크라테스의 철학과 가르침에 영감을 받았고 그를 최고의 스승으로 추종했다. 그들을 사로잡은 소크라테스의 철학은 다름 아닌 무지에 바탕을 둔 철학적 태도였다. 그는 스스로 무지를 인정하고 수많은 사람들과 대화를 하며 그들이 가진 지식과 지혜를 끌어내고 검증하는 데 노력했다.

그러나 정치가와 수사가, 장인, 철학자, 시인을 비롯해 여러 사람들과 나눈 대화의 결말은 언제나 대화자interlocutors의 자기모순으로 끝이 났다. 무지를 고백하고 배우기를 원했던 소크라테스와는 달리, 명료하고 확고한 지식을 가지고 있다고 주장하는 대화자들은 오히려 대화를 통해 자신들의 얄팍한 지식을 마주해야 했다.

『아폴로지Apology』라는 소크라테스의 대화록을 보면 '경건

piety'에 관해 정확한 지식을 소유하고 있다고 주장하는 유티프로 Euthyphro라는 청년이 등장한다. 이미 그리스 사회에서 뛰어난 철학자로 이름이 나 있던 소크라테스였지만 그는 오히려 유티프로에게 한 수 배우길 원한다. 그러나 유티프로는 소크라테스의 집요한 질문과 반론을 통해 자신이 '경건'을 명확하게 정의할 어떠한 지식도 가지고 있지 않다는 것을 깨닫게 된다.

이 아폴로지에 나온 대화의 중요성은 '경건'에 대한 정의 자체가 아니라 소크라테스가 어떻게 철학을 행했고, 그가 지식과 지혜 그리고 진리에 대해 어떻게 접근했는지를 엿볼 수 있게 한다는 데 있다.

중요한 것은
모르고 있다는 것을 아는 것이다

소크라테스는 언제나 '나는 알고 있지 않다는 사실을 안다 I know that I don't know'고 자신 있게 말하고 다녔다. 그래서 지식이 있고, 진리를 안다고 주장하는 사람들과 토의하고, 논쟁하고, 배우기를 즐겼다. 소크라테스가 가진 지식과 재산은 이론 체계가 아니라 탐구하고 사유하는 철학하는 삶, 철학적 태도였다.

당연히 소크라테스가 아무것도 몰랐다는 것은 사실이 아니다. 지식을 가지고 있었으나 그것을 다른 사람들처럼 변하지 않고 대치 불가능한 절대적 범주에 넣지 않았을 뿐이다. 그는 인간이 가진 지식과 지혜의 한계를 인정했고 그래서 끊임없이 검증하는 삶을 택했다. 소크라테스는 대부분의 그리스 사람들이 옳고 당연하다고 생각하고 믿는 상식과 전통 그리고 가치들에 대해 논리적 의문을 가지기 시작했고, 그 진리 여부를 스스로 검증하는 데 모든 삶을 바쳤다.

나는 이러한 소크라테스적 반어Socratic Irony가 우리에게, 특별히 청년에게 던지는 교훈이 아주 크다고 생각한다. 아는 것이 있어도 겸손해야 하고, 현재 가지고 있는 지식이 앞으로 얻을 지식에 장애가 되어서는 안 된다는 말이다. 소크라테스에 따르면 세상에 완벽한 지식은 없다. 우리는 단지 그것에 대해 희망을 버리지 않고 끊임없이 추구해나갈 뿐이다.

"이 세상에서 가장 현명한 사람이 누구냐?"라는 카이레폰 Chaerephon의 질문에 델피Delphi의 신은 주저 없이 소크라테스라고 답한다. 이유는 소크라테스가 모든 종류의 최고의 지식을 가지고 있었기 때문이 아니라 인간 지식의 한계를 알고, 바닥 없는 심연의 진리를 끊임없이 찾아나서는 탐구자의 태도와 지적인 겸손함을 가지고 있었기 때문이다.

실제로 역사 속에서 많은 지식인들이 이러한 지적 겸손함이 부족해 치명적인 피해를 보기도 했다. 20세기 초, 교만이 하늘을 찔

렀던 프로이트 심리학자들이 행동심리학Behavioral Psychology과 인본주의 심리학Humanistic Psychology의 관점과 치료책들을 참고했더라면 향후 자신들의 이론적 체계를 몰락시킨 중대한 문제들을 바로잡을 수 있었을 것이다. 마찬가지로 아인슈타인도 양자 역학이 통계적 가능성에 뿌리를 둔 비예측성indeterminacy을 가지고 있다는 독일 물리학자 막스 본Max Born의 이론에 열린 마음으로 귀를 기울였다면, 향후 인정받게 된 다른 여러 이론들과의 괴리감을 좁힐 수 있었을 것이다.

선불교의 한 선문답koan도 이와 비슷한 가르침을 전하고 있다. 메이지유신 때 세상 학문으로 이름난 학자가 선불교의 철학을 배우고자 난인이라는 승려를 찾아갔다. 난인은 방문한 학자에게 차를 대접했는데, 잔이 넘치는데도 계속 차를 따랐다. 넘치는 찻잔을 보고 당황한 학자는 "스님, 잔이 넘칩니다"하고 황급하게 말했다. 그러자 난인은 행동을 멈추고 잠시 침묵을 지켰다. 그리고 이렇게 말했다.

"다 찬 잔에 새로운 차를 더 부을 수는 없지 않습니까."

난인은 다양한 학문과 이론, 논리로 가득 찬 머리를 가지고는 새로운 지식과 지혜를 얻을 수 없다는 사실을 일깨워주고 싶었던 것이다. 아마도 난인을 찾은 그 학자의 태도는 새로운 무언가를 배우기를 갈망하는 마음보다 자신의 지식으로 난인이 가진 지식을 시험해보려고 했던 것은 아니었을까?

삶 속에서 지식을 활용하는 것은 삶의 필요를 다룰 기술을 가지고 있다는 것이지 내 삶 전반의 가치를 향상시킬 지혜를 가지고 있는 것은 아니다. 삶의 지혜는 얼마나 많은 지식을 가지고 활용하느냐의 문제가 아니라, 가진 지식으로 하여금 어떻게 세상과 사람을 바라보는 시야를 넓히고 그들을 풍요롭게 할 수 있느냐 하는 문제다. 따라서 당신이 진정 청년의 영을 가진 사람이라면 지식과 기술의 힘 너머에 있는 '무지의 덕과 지혜'를 배워야 한다.

무지와 무시의 덕을
겸비한 인물, 예수

예수도 무지와 무시의 덕을 겸비한 인물이다. 유대인으로 태어나고 자랐으나 유대의 율법에 무지하거나 무시하는 행동을 했다. 안식일 날 율법으로 강제된 휴식을 취하기보다 생명을 보살피고 일하는 데 주력했다. 선하고 의로운 인간의 조건을 규정하고 방법을 설파하기보다 힘없고 헐벗고 굶주린 자를 향한 자신의 연민을 표현하는 데 노력했다.

예수는 바빌론, 아시리아, 그리스, 로마 제국을 비롯해 수없이 많은 외세의 침략과 통치로 고통당했던 이스라엘의 역사를 공유했지만 그들의 정치적 관심에는 이상하리만치 무지하고 무관심했다. 그야말로 이미 세워진 것들에 관한 도전이었다. 예수가 가진 무지는 아무것도 모르는 무식無識이 아니라, 자신에게 주어진 독특한 삶의 분깃과 목적을 이해하고 그에 대한 소명에 충성하고 충실했던 것이다.

모든 사람이 혁명가가 될 수 없고, 모든 사람이 제사장이 될 수 없다. 그리고 모든 사람이 현자가 될 수도 없고 될 필요도 없다. 예수는 자신이 느끼고 원하는 것이 무엇인지를 정확히 깨닫고 행동했던 것뿐이었다. 세상이 만들어놓은 규범과 그것을 통해 세워놓은 기대감 그리고 자신의 도전이 가져올지 모를 징벌에 대한 위협이, 소외된 자를 향한 예수의 안타까운 마음과 그들을 보살펴야 한다는 자신의 도덕적 또는 영적 의무감을 흔들 수 없었던 것이다. 예수가 십자가의 고난을 당한 것은 유대법과 로마법을 몰랐기 때문이 아니라 자신의 존재 깊은 곳에서 우러나오는 소명에 대해 확신했고, 또 그것에 대한 욕망에 솔직했고, 이를 훼방하는 것들을 과감하게 무시했기 때문이다.

세상의 잣대로 보면 예수는 분명 실패한 청년이었다. 당시의 성공 공식에 대해 무지했고 또 이를 무시했기 때문이다. 유대인에게는 생명보다 소중한 안식일 법을 위반했고마태복음 12장 1절, 자신을 신과 동일시해 유일신에 대한 믿음으로 민족 공동체를 일구어 온 유대인들의 가치 체계를 마구 흔들어놓았다. 문둥병자를 만지고, 세리와 함께 식사를 하고, 여성 추종자들을 데리고 다녔다. 당시 유대인들이 멸시하던 사마리아 여인과 공중 장소에서 대화를 나누는 예수의 행위는 한마디로 무식 또는 무지의 행위로 보일 수밖에 없었다. 그러나 예수가 무시 또는 무지했던 것은 화석화되고 의식화되어ritualized 그 생명력을 잃어버린 지식과 신앙이었지 그것들이 궁극적으로 의도하는 가치 자체는 아니었다.

내가 무엇인가를 알고 있다고 이야기할 때는 그 지식이 가진 형식과 기능만 안다는 것이 아니라 그 가치도 알고 있다는 뜻이다. 나아가 그 가치가 삶 속에서 완전히 녹아내리고 소화되어 형식과 기능에 대한 인위적인 노력이 더 이상 필요치 않다는 것을 말한다. 예수는 신이 율법을 통해 유대인에게 전달하고 싶었던 가치를 이미 성품으로 승화시켰기 때문에 그 가치를 밖으로 표현해내는 데 필요한 형식과 기능을 인위적으로 의식할 필요가 없었다. '신을 사랑하고 이웃을 사랑하라'로 요약되는 신앙과 윤리가, 율법을 통해 이해되고 표현되는 단계에서 자아 깊은 곳에서 우러나오는 동기와 욕구가 되어 삶속에서 자연스럽게 승화되었던 것이다.

따라서 예수가 가진 무지의 힘은 지식의 부재가 아니라 지혜로, 성품으로, 그리고 삶 자체로 승화된 참 지식이었다. 지식이 삶을 특정 방향으로, 단편적으로 그리고 획일적으로 규정하는 도구

가 아니라, 삶에 끊임없는 영감을 지피고 불어넣는 땔감이나 바람
과 같은 자산이 되었던 것이다.

궁극적 위기와 마주한
'청년' 예수 · 붓다 · 마호메트

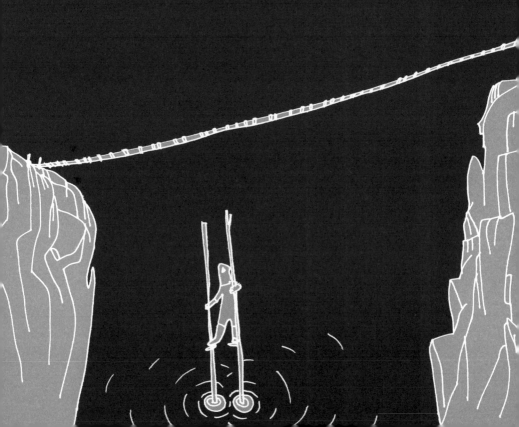

오늘날 지식의 홍수 속에서도 궁핍하고 불안하게 느껴지는 우리의 삶, 왜일까? 기술문명의 혁명적 발전으로 개인은 인류 역사 그 어느 때보다 강력한 지식으로 무장했지만 삶 자체를 버거워하는 실존적 고민, 왜 해결하지 못하고 있는 것일까? 이는 수많은 탐구 활동을 통해 자연과 삶의 도전에 효과적으로 대응할 비결에 관해서는 배웠지만 세상을 통찰하고 삶을 풍요롭게 할 인생의 비밀을 듣지 못했기 때문이다. 그 비밀은 바로 자아 밖의 무언가를 알고 다루고 해결하기 전에, 자아 안의 '궁극적 위기'와 마주하는 것이다.

'궁극적 위기'란 한 인생이 세상과 타자가 만들어놓은 공식에 학습되거나 도취되어 나를 잃은 채 사는 것이고, '궁극적 진리'는 스스로 견고히 선 자아가 세상과 대응하며 쌓아 올린 기술과 지식을 끊임없이 지혜로 바꾸며 자신이 발견한 소명에 분명하게 화답하며 사는 삶을 말한다. 이 궁극적 위기를 마주하고 극복해내는 것이 청년에게 던져진 중대한 과업이다.

궁극적 위기에 직면한
청년 예수

    청년 예수는 메시아로서의 본격적인 삶을 시작하기 전에 삶의 궁극적 위기와 진리에 대해 고민했다. 예수는 40일을 광야에서 보내며 '나는 누구인가'라는 실존적 질문과 마주했다. 청년 예수는 이 시험에서 이겼기 때문에 자신의 구원자적 역할을 넉넉히 감당할 수 있었고, 겉으로 보기에는 고난과 고통 그리고 실패자의 삶을 산 것처럼 보이지만 이 세상 어느 누구보다 행복하고 완벽한 삶을 살아나갈 수 있었던 것이다.

    광야에서 청년 예수가 사탄에게 받은 시험은 실존적 물음 또는 삶의 궁극적 문제에 관한 도전이었다. 다시 말해 '나는 누구인가'라는 영적, 철학적 도전이었다. 사탄은 예수가 메시아로서의 삶을 시작하기 전, 다시 말해 본격적인 청년의 삶을 살기 바로 직전, 그의 자아를 흔들었다. 사탄은 예수를 향해 세 가지 유혹을 하는데 그 가운데 두 개의 유혹은 오늘날 세상에 막 던져진 청년들의 실존적 고민에 중요한 교훈을 준다.

    사탄이 던진 첫 번째 유혹은 돌을 빵으로 만들어 배고픔을 달래라는 것이었다. 신약 성서를 보면 예수가 구원자로서의 정체성을 가지고 본격적으로 공생활을 시작한 시기는 광야에서 행한 40

일 금식 직후부터다. 신의 아들이었던 예수지만 그는 인간이 가질 수 있는 모든 고민과 문제를 똑같이 경험했다.

예수가 광야에서 금식하며 고독하게 기도했던 이유는 청년의 시기에 자신이 왜 이 세상에 던져졌고, 무엇을 위해 살고 죽어야 하며, 그의 인생이 궁극적으로 어디를 향해 가야 하는지에 관한 실존적 고민 때문이었다. 오늘날로 이야기하면 학교를 졸업하고, 부모의 품을 떠나 본격적으로 경제적, 사회적 독립체로 살아야 하는 청년이 어떤 가치를 가지고 삶을 살아가야 하는지에 대한 고민과 비슷한 것이다.

사탄은 광야에서 굶주림에 시달리고 있는 예수에게 육체적 필요를 채우는 것이 우선이라고 유혹한다. 물질의 유혹이었다. 이것은 인간 삶의 목적을 물리적 또는 자연적 욕구 충족에 묶어 놓으려는 사탄의 계략이었다. 사탄은 40일을 굶어 쇠약해진 예수에게 배를 채워 생존하는 것이 급선무라고 속삭인다. 허기를 채우고 쉴 만한 장소를 찾고 육체적 욕구를 채울 수 있는 조건을 확보하는 것이 행복의 열쇠이자 인생의 궁극적 목적이라는 유혹이었다. 하지만 예수는 돌을 빵으로 바꾸어 허기를 채우라는 사탄의 유혹에 사람이 빵으로만 살 것이 아니라 살아계신 신의 말씀으로 살아야 한다며 그 시험을 내친다.

살기 위해선 빵이 필요하다는 사실을 예수가 왜 몰랐겠는가? 그러나 여기서 사탄은 인생에 관해 보다 근본적인 목적에 관해 질문을 던지고 있다는 사실을 유념해야 한다. 동물의 존재 목적이 생존인 것과 달리 인간의 목적은 그것 너머에 있다. 잘 먹고, 잘 눕고, 잘 자고, 잘 낳고 하는 것은 동물의 목적이지 사람의 목적이 아니다. 예수의 경우는 인간의 태생을 설명할 신의 존재와 그의 뜻 그리고 소명을 자신 안에서 발견하고 이를 충실하게 실현해나가는 것이 인간 존재의 진정한 목적이고 삶의 성공이라고 믿었다.

어떤 직장을 얻고, 얼마만큼의 돈을 벌고, 어떤 집에서 살고, 누구와 결혼하고, 어떻게 집안을 번창케 하느냐는 고민은 우리에게 필요한 고민이긴 하지만 궁극적인 고민은 아니다. 문제는 내가 이 세상에 왜 태어났고, 무엇을 위해 살아야 하고, 나라는 존재가 누구이고 무엇인지에 관한 실존적 물음에 분명한 답을 내려야 한다는 것이다. 이 질문은 우주론적 질문이다.

'Why should there be something rather than nothing?'

나라는 존재가 '왜 애초에 없기보다는 있어야 했는지'에 관한 질문에 응답해야 한다는 말이다. 인간이 이러한 실존적 질문에 관해 응답하지 않을 때 삶의 방향을 잃거나 내 인생이 아니라 남의 인생을 사는 실수를 범하게 된다.

예수는 사탄의 첫 번째 유혹을 내치며 자신의 삶이 육체적 존재, 고깃덩어리 이상의 것임을 선포한다. 잘 먹고 편안하고 안전하게 사는 것이 인생의 목적과 성공이 아니라는 것이다. 그는 광야에서 보낸 40일 동안 자신의 내면에서 '신의 가치'를 발견했고, 이 깨달음을 통해 사람을 이해하고 만나고 세상을 넉넉히 품을 수 있었다. 자신 안에서 육성 이상의 신성을 보았기 때문에, 육체적 성공과 안위에 연연하지 않았던 것이다.

자신 속에서 신성을 발견한 예수는 다른 여타 종교의 교주처럼 자신의 격을 높이려고 노력하지도 않았다. 그는 다른 인간들과 세상 그리고 자연 속에서도 동일하게 신성을 보았고, 그들을 섬기는 데 인생을 바쳤다. 유대 사회에서 지탄받던 세리에게, 사회적으로 멸시받던 창녀와 간음자들 그리고 자신을 모함하고 죽이려하던 바리사이파 사람들과 로마 군인들에게서도 신성을 보았다. 예수는 논쟁하고 싸우거나 자신을 내세우기보다는 낮은 곳에서 낮은 자들을 연민으로 돌보고 섬기며 사랑하고 희생하는 인생을 살았다. 그것이 청년 예수가 깨달은 소명이었다.

두 번째 사탄의 시험은 예수가 자신에게 복종하면 세상의 모든 부와 권력을 주겠다는 유혹이었다. 이 시험에도 예수는 'No'라고 대답한다. 청년 예수는 사탄, 곧 세상이 믿고 말하는 안위와 성공이 자신의 삶의 목적과 소명과는 무관하다는 사실을 분명히 알고 있었다. 예수가 가장 행복한 삶을 살았던 이유는 세상에 던져진 자신의 삶의 분명한 이유와 목적을 알고 있었고, 자연적으로 우러나오는 자신의 영적, 도덕적 욕구에 반하는 사탄의 요구와 세상의 기대에 'No'라고 분명하게 외칠 수 있는, 속된 말로 철학과 배

짱이 있었기 때문이다.

청년의 시기에 예수가 겪은 시험은 오늘날 모든 청년들이 반드시 경험해야 하는 실존적 시험과 비슷한데, 마치 사탄이 예수를 유혹했듯이 청년들은 세상이 정의한 성공에 세뇌되고 그것에 길들여지고 노예가 되기를 시험받는다. 예수에게 기적을 통해 자신의 허기진 배를 먼저 채우고 권력과 힘을 쟁취하라는 사탄의 유혹은, 예수로 하여금 왜 인간이 광야세상에 서야만 했고 무엇을 위해 광야에 서 있는지에 대한 인생의 거대 담론을 망각케 하기 위함이었다.

오늘날 우리가 믿고 올인 하는 성공 공식은 먹고 자고 배출하는 육체의 욕구 충족을 극대화시킬 수 있을지는 모르지만, 존재 안에 숨겨져 있는 영의 욕구를 충분히 만족시킬 수는 없다. 인간은 육의 요구와 아울러 영의 요구와 욕구 그리고 그 소리에 응답하지 않으면 결코 완전체로 살아나갈 수 없고, 행복에 가까워질 수도 없다.

광야에서 사탄의 유혹을 이겨낸 청년 예수는 강력한 정치적 배경이나 훌륭한 집안, 높은 학식과 사회적 신분을 갖고 있지 못했지만 그곳에서 자신의 존재 이유를 보았다. 자신은 육의 존재가 아니라 영의 존재임을 깨달았고, 사람을 돌보고 섬기는 것이 자신의 존재 목적임을 확인했다.

물리적인 안위와 세상 권력을 탐하게 하는 전략으로 마음을 흔들어대는 사탄의 유혹은 오늘날 청년들에게 생존과 안위 그리고 성공만을 삶의 목표로 세우라고 강압하는 세상의 목소리와 닮아 있다. 그러므로 자신에게 주어진 심오한 소명을 발견한 청년 예수처럼 21세기라는 새로운 시대, 새로운 광야에 선 청년은 세상과 마주하고 세상을 향해 귀를 열기 전에, 자신을 향해 삶의 궁극적 물음을 던질 필요가 있다.

나는 도대체 누구인가?
나는 무엇을 위해 살고 있는가?
그리고 어디로 가고 있는가?
나의 소명은 무엇인가?

해답은 사람마다 다를 수 있지만 이 시대의 청년들 또한 의식하든 못 하든 예수와 동일한 청년의 영을 가지고 있다. 이는 내 안에서 태생의 근원을 찾고, 존재 이유를 발견하고, 삶의 분명한 소명을 찾아 살아가기를 원하는 열정과 같은 것이다.

이 시대의 청년들이여, 동물적 필요나 욕구 너머에서 진동하는 당신만의 영의 소리에 귀를 기울여라. 당신의 육체가 요구하는 소리 너머에 숨겨져 있지만 미세한 소리로 끊임없이 우러나오는 심오하고 숭고한 실존적 질문과 소명에 귀를 기울여라.

당신의 존재 이유와 소명은 무엇인가?

안전지대인 왕궁을 떠난
청년 붓다

청년 붓다도 청년 예수와 똑같이 성공적 삶을 이루기 전에 삶의 궁극적 위기를 맞았고, 자신만의 실존적 진리를 찾는 경험을 했다. 흥미롭게도, 붓다의 삶의 궤도를 완전히 바꾼 사건 역시 예수와 마찬가지로 청년의 시기에 벌어졌다.

붓다는 전형적인 힌두 문화에서 태어나고 자랐다. 마치 예수가 자랐던 유대 사회가 엄격하고 분명한 성공의 공식을 가지고 있었던 것처럼 붓다가 살았던 인도 사회도 다르지 않았다. 인도 사회가 말하는 성공의 공식은 자신에게 주어진 의무Dharma:진리를 완성시키는 일이었다. 이것은 유교 사회의 성공 공식과 비슷한데, 인간이 자신의 사회적 지위와 계급을 정확히 알고 그것이 요구하는 의무와 예절을 충성되게 지킬 때, 개인과 가족은 건강하고 사회는 평화롭고 번영하며 우주는 조화를 이룰 수 있다는 믿음이었다.

붓다는 크샤트리아 계급정치·군사·귀족 계급의 왕자로 태어났고, 세상이 줄 수 있는 모든 종류의 부와 명예를 누리고 있었다. 그리고 세상에서 가장 아름다운 여인을 부인으로 두었으며, 동물적 필요와 욕구를 채울 수 있는 모든 자원을 가지고 있었다. 붓다의 부모는 그를 완전한 크샤트리아 인간으로 만들기 위해 평생을 궁궐 안에서 아름다운 것만 보고 살게 했다.

그러나 붓다가 우연히 자신의 안전지대인 궁궐을 떠나 세상 밖으로 나갔을 때 인생의 판도를 완전히 뒤집는 실존적 경험을 하게 된다. 붓다는 궁궐 밖으로 나서는 순간, 바로 실존의 문제와 마주하게 되었다. 그가 경험한 네 가지 경험, 곧 사문유관四門遊觀:붓다가 왕자이던 시절 가비라 성 밖으로 놀러 나갔다가 동문 밖에서 노인을, 남문 밖에서 병든 사람을, 서문 밖에서 죽은 사람을, 북문 밖에서 승려를 만나 인생의 네 가지 괴로움인 태어나고, 늙고, 병들고, 죽는 것을 보고 출가를 결심한 일은 인간과 인생이 고통받는 본질적인 문제를 바라보게 했을 뿐 아니라 자신의 궁극적 존재 이유와 목적에 관한 실존적 질문을 던지게 만들었다.

나는 누구인가?
나는 어디로 가는가?
나는 무엇을 위해 사는가?

붓다가 처음 마주한 인생과 현실은 병든 인간이었다. 궁궐 안에서는 한 번도 본 적이 없는 병자를 직접 눈으로 보았을 때 붓다는 사람의 육체가 완전하지 않다는 단순한 진리에 당황했다. 그리고 늙고 기력이 쇠한 노파와 죽은 시체를 잇따라 목격했다.

이 사문유관은 인생의 모든 어두운 면으로부터 완벽하게 차단되어 살아온 싯다르타에게는 실로 충격적인 사건이었다. 한 번도 본 적 없는 병자에 충격을 받았고, 사람이 늙으면서 젊음의 원기를 잃고 쭈글쭈글해진 피부와 병약해진 몸으로 삶을 마감한다는 사실에 당황했다. 거리에 버려진 시체를 바라보며 자신도 그와 같은 운명을 맞게 되는 것이냐는 붓다의 질문에 그의 종 찬나Channa는 그렇다고 차갑게 대답한다.

붓다는 비록 궁궐 안에서는 물리적으로 완벽한 조건에서 살아왔지만 자신이 그동안 허구적인 삶을 살아왔음을 깨닫는다. 질병과 노화 그리고 죽음이 피할 수 없는 절대적 현실임을 알게 된 붓다는 자신이 그동안 살아온 29년이 육체의 필요와 욕구를 만족시키고 극대화하는 데는 성공했지만, 죽음과 소멸이라는 차갑고 두려운 현실 앞에서는 무능하고, 삶의 진정한 이유와 목적에 관해서는 무지했음을 깨달았다.

그리고 청년 예수가 삶의 이유와 목적을 찾기 위해 광야로 나간 것처럼, 청년 붓다도 똑같이 자신의 안전지대를 떠난다. 왜 인간은 늙고 병들어야 하고, 왜 그렇게 죽어야 하고, 또 태어나야 하는지에 대한 실존적 질문에 대한 해답을 찾기 위해 궁궐 밖으로 나간 것이다. 그리고 예수와 마찬가지로 붓다 또한 삶의 궁극적 질문에 대한 해답과 진리를 스스로 찾는다. 삶은 고통이며, 그 고통은 욕심으로 인한 집착에서 비롯되었음을 깨달았던 것이다.

무엇인가에 집착하고 있다는 것은 우리의 의식이 그것에 쏠려 있다는 뜻이다. 의식의 내용이 그것으로 채워져 있을 뿐 아니라 그 의식이 일으키는 의지와 욕구가 그 집착의 대상에 의해 통제되고 있다는 것이다.

예수가 광야의 시험을 이겨내고 세상을 향해 나아갔을 때는 순수한 자아의 완전체로 그 삶을 시작했다. 세상 그 어느 누구도, 그 무엇도 그의 삶을 규정하거나 이끌 수 없었다. 유대 사회의 관습도, 종교적 신념과 율법도, 로마의 법도, 심지어 가정의 전통과 가치도 그가 찾은 소명을 흔들 수 없었다. 삶의 궁극적 문제를 풀고 진리를 찾은 청년 예수의 삶은 그야말로 진짜 인생이었다. 그는 시대와 인생의 객체가 아니라 주체가 되었다.

마찬가지로 청년 붓다도 자신만의 안전지대를 떠났다. 약속된 부귀영화를 포기했고, 성공의 공식을 무시했다. 시대가 자신에게 준 사회적, 종교적 의무Dharma를 저버렸다. 사랑하는 부모와 아내를 버렸다. 궁궐을 나서자마자 용포를 벗어 던지며 자신의 신분과 정체성을 버렸다. 진짜를 찾기 위해 가짜를 버린 것이다.

종족주의를 거부하고 세계주의를 외친
혁명가 마호메트

7세기 아랍 문명을 일으켰던 마호메트도 청년 예수와 붓다처럼 자신의 안전지대를 떠나 궁극적 질문에 답하고 삶의 진리를 찾으려고 노력했다. 비록 나이는 예수와 붓다보다 많은 때였지만 자신이 가진 모든 것을 포기하면서까지 진짜 인생을 찾으려는 결연한 의지를 보인 것은 닮은 꼴이다.

마호메트도 시대가 규정한 성공의 공식을 내쳤다. 예수가 유대 사회의 이상을 특징짓던 율법주의에 도전하고, 붓다가 인도 사회의 구원의 공식인 카스트를 부정했던 것처럼, 마호메트는 수천 년 동안 지속되어 온 아랍의 가치를 자힐리야jahiliyyah : 단어 자체는 '무지'라는 뜻. 이슬람교 출현 이전의 시대를 일컫는 말로 규정하며 새로운 문명을 설파했다.

청년 붓다가 그러했듯 마호메트도 자신이 가진 기득권을 포기해야 할 이유는 없었다. 그는 메카에서 가장 강력한 쿠레이쉬 부족에 속해 있었고, 카라반 비즈니스로 이미 거대한 부를 소유했던 아내 카디자로 인해 현상 유지를 거스를 이유가 없었다. 그러나 부족함 없는 물질적 조건 속에서도 자기 내면에서 우러나오는 삶의 궁극적 문제에 관한 질문은 피할 수 없었다.

마호메트는 내면에 항상 웅크리고 있던 삶에 대한 공허함과 불안감을 없애기 위해 '나는 누구이고, 무엇을 위해 세상에 왔으며, 어디로 가야 하는가?'라는 실존적인 질문에 대답해야만 했다. 그것이 바로 모래가 아닌 반석 위에 짓는 참된 삶이라는 것을 누구보다 잘 알고 있었다.

마호메트는 인간 태생의 근원을 유일신에게서 찾았고, 삼라만상의 근원을 신에게 회기시킴으로 '완전한 일치Tawhid : oneness of

God'를 주장했다. 이는 창조자가 하나이니 모든 피조물의 근원도 하나이며, 그들이 가야 하는 목적도 하나라는 새로운 철학의 시작이었다. 이러한 새로운 사고는 예수와 붓다가 행한 시대적 도전처럼 아랍 사회의 문화와 가치, 철학, 종교적 전통을 혼란스럽게 만들었다.

마호메트는 당시 대다수의 부족들이 숭배하던 다신론을 부정했고, 도덕보다는 힘이 지배하던 아랍 사회의 야만성에 도전했다. 그리고 눈앞에 놓인 삶의 육체적 안녕만 추구하던 쾌락주의에 반기를 들었고, 자기 부족의 생존과 번영만 추구하던 종족주의 사회의식에 맞서 신앙을 통한 세계주의를 외친 혁명가였다.

동굴을 벗어나 시대의 도덕을 뛰어넘은
'청년' 예수 · 붓다 · 마호메트

서양 철학의 토대를 닦은 플라톤도 예수와 붓다, 마호메트가 가졌던 실존적 고민에 대해 철학자의 각도에서 비슷한 메시지를 던지고 있다. 진짜 삶을 살기 위해서는 삶의 궁극적 질문과 마주하고, 자신의 안전지대를 떠나야 한다는 바로 그 메시지다.

플라톤은 『공화국The Republic』에서 청년 정신을 언급하고 있다. 7권에 나오는 그 유명한 '동굴의 비유The Myth of the Cave'는 삶의 진리를 발견하고 진정한 행복을 찾기 위해서는 자신의 안전지대에 의문을 품고, 그곳을 과감히 떠날 줄 알아야 한다는 메시지를 던져주고 있다. 이 비유를 간단히 요약하자면 다음과 같다.

동굴에는 아주 어린 시절부터 사슬에 묶여 평생을 살아온 죄수들이 갇혀 있다. 그들은 발과 목이 사슬에 묶여 있어 자유롭게 움직일 수 없을 뿐 아니라 앉아서 오직 정면만 쳐다볼 수 있는 처지에 놓여 있다. 죄수들 뒤쪽에는 아주 큰 모닥불이 지펴져 있고, 바로 그 불과 죄수 사이에 또 다른 종류의 사람들이 여러 가지 물건을 들고 이러저리 다니고 있는데 이들의 움직임이 묶여 있는 죄수들 정면에 있는 동굴 벽에 그림자로 비치고 있다. 자유롭게 움직일 수 없는 죄수들은 평생을 자신들의 정면에 비치는 그림자들만 보고 살아왔다. 따라서 자신의 뒤에 누가 있고, 실제로 어떤 일들이 벌어지고 있으며, 동굴 밖에는 무엇이 존재하는지 알 수 없었다.

그들에게 현실과 실재란 묶여 있는 자신의 눈앞에 비친 그림자들이었다. 다른 말로 그 죄수들에게 있어 안전지대란 동굴 속이었고, 묶여 있는 자신의 처지는 자연스러운 존재론적 한계였으며, 눈앞에 펼쳐지는 그림자드라마는 허구가 아닌 실재로 받아들여졌다. 평생을 그렇게 살아왔고, 그것만 경험했기 때문에 자신의 처지를 노예로 여기기조차 않았을 것이다.

그러나 여기서 플라톤은 아주 우연히 사슬을 풀고 동굴 밖으로 빠져나간 한 죄수에 관해 언급한다. 사슬이 풀려 몸을 자유롭게 움직일 수 있게 된 죄수는 뒤를 돌아보게 되고, 한 번도 본 적이 없는 세상과 만나는 모험을 감행한다. 돌아서자마자 그는 등 뒤에 그림자를 비치게 하는 다른 종류의 사람들이 존재하고 있다는 사실을 알게 되고, 그들의 모습과 물건들을 그림자 지게 하는 거대한 모닥불이 존재한다는 사실도 깨닫게 된다. 또한 그는 모닥불 뒤에 아주 가늘게 비쳐오는 빛줄기를 발견하고 그것을 따라 나가 동굴 밖 외부 세계를 처음으로 경험하게 된다. 여기서 플라톤은 철학자의 삶을 바로 이 사슬을 끊고 동굴을 벗어나는 죄수에 비유하고 있다.

자신만의 동굴에서
빠져나오라

동굴은 인생의 안전지대와 같다. 모든 인간이 자신에게 던져진 동굴에 갇혀 있다. 그 동굴은 자신이 아닌 타자에 의해 만들어진 것으로 우리 인생에 던져진 허구다. 우리는 마치 평생을 쇠사슬에 묶여 살아온 죄수가 자유로운 삶을 상상할 수 없듯이, 가족과 전통 그리고 사회가 만들어놓은 규정을 절대 진리로 신봉하며 살아나간다. 공동체에 의해 규정되고 합의된 진리에 대해 순응하고 충성하는 것이 선이고 덕이라고 믿는다.

그러나 인생의 시작은 동굴의 죄인이 자신의 사슬을 풀고, 자신이 평생 앉아 살던 곳을 떠날 때 비로소 시작된다. 바로 그 안전지대를 떠나는 시점에서 청년의 삶이 시작된다는 말이다. 유년기와 소년기는 미약하고 미숙한 인식론적 힘으로 인해 묶여 있는 자아를 볼 수 없고, 본다 해도 도전할 육체적 힘이나 용기가 없다. 장년기는 자신을 묶고 있는 사슬과 동굴을 볼 수 있는 인식론적 힘은 가지고 있으나 그에 도전할 열정이 없고, 노년기는 발견한 동굴을 빠져나가게 할 기력이 없다. 하지만 청년의 끓는 피와 솟구치는 영은 '나는 누구인가?'라는, 당장은 현금 가치가 없어 보일지도 모르는 질문을 스스로에게 던지며 사슬에 묶여 있는 불편한 자아를 보게 만든다. 이 청년의 존재론적 호기심과 욕망이 육체의 한계를 넘게 만든다.

이 시대의 청년들이여, 동굴을 떠나라. 진짜 인생을 살기 위해서는 자기만의 안전지대를 떠나야 한다. 동굴을 빠져나온 죄수가 그러했듯이 자신의 처지를 주관적으로 볼 수 있는 눈을 가져야 한다.

많은 사람들이 세상을 객관적인 눈으로 봐야 한다고 주장하나 이것은 1차원적 생각이다. 객관적이라 함은 합의된 관점과 생각을 말한다. 사람들은 세상의 현상을 다양한 관점과 느낌으로 경험하지만 그것을 서로 합의된 언어로 이해하고 해석한다. 이러한 객관적 관점은 동굴의 죄수들이 벽면에 비친 그림자를 현실이라고 합의하고 평생을 문제없이 살아온 것처럼, 사람들로 하여금 주관적으로 반성하지 않은 현실을 받아들이게 만든다.

인생과 세상에 대해 객관적 관점만 가지고 살 때 큰 문제를 일으키지 않고 편안하게 살 수는 있겠지만, 각 인생에게 주어진 독특한 가치와 소명이 묵살될 수 있다. 객관적 관점의 한계를 통찰하고 주관적인 삶을 살아나간다면 동굴을 탈출한 죄수처럼 인생과 세상에 대해 새롭고 놀라운 경험을 하게 될 것이다.

도덕적 삶을 원한다면
도덕부터 넘어라

당신이 머릿속으로 그리는 자아와 세상은 어떤 그림인가? 자신 스스로가 깊은 번민과 통찰 가운데 찾은 산물인가? 아니면 당신의 부모나 공동체 그리고 세상이 합의해 만든 목표인가? 설령 당신이 가슴에 품은 꿈이 스스로 원하는 것이라 해도 다시 질문을 던져야 한다. 내가 이미 타자와의 합의에 의해 노예가 되어버린 건 아닌지, 내가 도대체 무엇을 원하는지 알 수 없고, 내가 원하는 것과 타자가 원하는 것에 관한 구분도 할 수 없는 병약한 존재가 되어버린 것은 아닌지.

청년들이여, 인생의 참된 의미를 발견하기 원하는가? 선한 삶을 살기 원하는가? 도덕을 먼저 성찰하라. 진짜 인생은 자신이 인생이라는 내러티브narrative의 주연이 되고 저자가 되는 삶이다.

도덕적인 삶을 살기 원한다면 우선 그 도덕부터 넘어야 한다. 도덕적 표준이라는 심리적, 윤리적 안전지대를 떠나야 참 가치들을 실현하고 그 가치를 세상과 공유할 수 있다. 도덕은 참 인생을 이룰 원인도 근원도 아니고, 오히려 그것이 밖으로 드러나는 현상일 뿐이다. 남을 위해 선을 행하고, 자신의 삶을 희생하는 것이 높은 도덕적 가치로 보이지만 엄밀히 따지면 주객이 전도된 표현이다. 자아 없이 타아가 존재할 수 없다. 자아 없는 세상은 무의미하고 반현실적이다. 누군가를 위해 죽는 행위가 완전한 희생으로 평가될 수 있지만 때로는 남을 위한답시고 자신의 삶을 쉽게 포기하는 비겁한 행위가 되기도 한다. 자칫하면 희생과 자살은 종이 한 장 차이가 될 수 있다는 말이다.

내가 있는 곳에 세상도 존재하고 의미도 존재한다. 이는 철학적 궤변이 아니라 논리적 실재다. 남을 돕고 선을 행하고 자신을 희생하는 삶을 어떻게 해석해야 하나? 자신을 위함인가 아니면 남을 위함인가? 도덕이 단순히 누구 또는 무엇을 위해 행해지는 행동의 규범이나 기대 그리고 체계라면 낭만도 영감도 없어 보인다. 나는 도덕적 사유와 욕구는 인간이 가진 DNA의 일부라고 생각한다. 이것은 한 인생의 생리학적 요구가 영적 요구를 만나고 그것에 인도될 때 나타나는 자연스러운 행위적 현상이다.

유대 사회의 도덕 가치를 뛰어넘은 청년 예수

청년 예수도 도덕을 넘었다. 그는 유대인들의 영적, 도덕적 규범에서 벗어났다. 안식일을 범했고, 모세가 허락한 이혼을 금했고, 자신을 위해서 가족을 떠나라고 권했다. 병든 자를 만졌고, 당시 이방인으로 사회적 혐오 대상이었던 사마리아인에게 말을 걸었고, 상징적이지만 자신의 피를 마시라고까지 했다. 이처럼 예수는 유대 사회가 세워놓은 도덕적 표준에 반기를 들었다.

그러나 그가 도전한 것은 합의되고 강제된 도덕이었지, 그것들이 궁극적으로 의도했던 도덕적 가치 자체는 아니었다. 예수를 인류 역사에서 가장 선한 존재로 만든 것은 그 시대의 숭고한 도덕적 표준도 아니었고, 그 표준에 대한 예수의 강한 충성심도 아니었다. 그것은 바로 사람과 세상을 향한 예수의 연민이었고, 또 그것에 대한 솔직한 의지의 표현이었다. 그러므로 그 어떤 강력한 율법도 예수를 강제하지 못했다.

예수는 자유로운 영혼을 가지고 있었고, 그것이 오히려 사람과 세상을 넉넉하게 품을 수 있게 만들었다. 사람과 세상에 대한 자신의 마음과 사랑을 표현하는 데 어떠한 도덕적, 법적, 정치적 고려도 필요치 않았다는 뜻이다.

청년 예수는 자신이 누구이고, 왜 이 세상에 왔는지를 분명하게 깨달았고 사람과 세상과 함께하며 인생의 가치를 완성시켰다. 다시 말해 삶의 소명을 명확히 깨달았고, 이를 이루는 데 목숨을 바쳤다. 예수에게 있어 사람과 세상은 자신의 삶의 소명을 이룰 현장이었지 단순한 수단이 아니었다. 그 소명은 신의 영적 계시를 완전한 사랑과 용서 그리고 희생으로 표현해내는 일이었다. 마치 모세가 광야에서 이스라엘 민족을 이끌고 가나안 땅 입구까지 인도하는 소명을 착실히 완수했던 것처럼 예수도 자신의 삶을 통해 인류가 소망하고 추구해야 할 영적, 도덕적 이상을 보여주었다.

다시 말해 예수를 가장 도덕적인 인간으로 만든 것은 설득되고 합의되고 강제된 도덕도 아니었고, 가난한 자와 굶주린 자, 아픈 자에 대한 단순한 동정도 아니었다. 삶의 존재 이유와 소명을 찾은 한 인간의 완성된 삶이 이끄는 자연스러운 결과였다.

인도 사회가 구축해놓은 가치 체계를 등진 청년 붓다

청년 붓다의 영적, 철학적 여정 또한 당시의 사회적 관점으로 볼 때는 도덕적 일탈 행위로 시작되었다. 사회와 전통이 정의하고 규정하고 가르친 진리로는 청년 붓다 자신이 고뇌했던 존재와 삶의 근본적인 문제를 풀 수 없었다. 그는 청년의 시기에, 특별히 스스로 생각하기 시작한 이후로는 사회적으로 마땅히 따라야 할 도덕적 표준을 쉽게 수긍할 수 없었다.

기원전 6세기 인도 사회는 철저한 힌두교 사상에 뿌리를 두고 있었다. 궁극적으로 세상의 모든 존재와 의식이 초극적인 존재인 브라만Brahman 자체라는 범신론적 철학은 개인적 '자아atman'의 신성을 가르쳤고, 이 신적 지경에 도달하기 위해 각자의 영적 수준에 맞는 도덕적, 종교적 계급을 만들어냈다.

따라서 전통 힌두 사회에서 도덕 기준은 영적 기준과 함께 이해되었다. '무엇이 옳고 선한 것이냐'라는 윤리적 질문은 '자신이 어떤 영적 지위 또는 상태에 있는가' 하는 종교적 질문으로 해석될 수 있었다. 그래서 영적 지위에 합당한 '의무dharma'를 성실하게 수행하는 것이 곧 도덕적인 선이었다. 종교인, 무사, 농민, 노예 같은 신분은 사회적 지위일 뿐 아니라 각 개인이 영겁의 환생 가운데 부여받은 개별적인 영적 지위이기도 했다. 따라서 각 계급이 부여하는 의무에 충성하는 것이 공동체를 위하는 것이고 또 자기 스스로를 위하는 것이기도 했다. 그러나 청년 붓다는 힌두교가 기대하는 도덕적 요구를 수용할 수 없었다. 그것이 인생에 대해 자신이 가진 질문과 고민의 철학적 깊이를 만족시킬 수 없었기 때문이다.

청년 붓다는 사람이 행한 선이 어떤 이에게는 유익이 될 수 있지만 또 다른 이에게는 해가 될 수 있다는 도덕의 상대성과 복잡성을 깨달았다. 선한 행위를 하고, 하지 않고를 떠나 모든 존재가 의식을 가지고 삶을 살아나가야만 한다는 것 자체가 고통임을 느끼기 시작한 것이다. 이 고통은 단지 육체적 또는 정신적 고통을 넘어 끊임없이 이 세상에서 존재할 수밖에 없고, 영겁의 환생을 거쳐 다양한 형태의 삶들을 살아나가야 한다는 환생의 고통이었다. 이 고민은 왜 내가 '고통당해야만 하는가'에 관한 것이 아니라 왜 내가 '존재해야만 하는가'라는 더 본질적인 문제에 관한 것이었다.

이 심오한 존재론적 고민을 해결하기 위해 붓다는 힌두 사회가 구축해놓은 가치를 등져야 했다. 그리하여 붓다는 '나는 신적

인 존재Brahman is Atman'라는 철학을 버려야 했을 뿐 아니라 '나self'
라는 실체와 의식consciousness이 존재한다는 기본적인 진리 또한
버려야 했다.

붓다가 '나'라는 개별적 자아에 대한 의식이 무지와 집착에
서 오는 환상이라고 깨달았을 때, 도덕적 주체로서의 인간 존재 자
체를 부인할 수밖에 없었다. 그래서 그는 힌두 사회가 규정한 최고
의 도덕적, 영적 플랫폼인 카스트 제도를 떠났다. 개별적 자아가 존
재하지 않으니 개인을 기초로 한 계급사회는 무의미한 것이었다.
그러다 보니 계급 체제 안의 자아와 자의식을 가지고 그것이 요구
하는 도덕적 의무를 아무리 성실하게 수행해도 진리를 향한 붓다
의 목마름은 해결되지 않았다. 한마디로 철학적 고민을 해결하기
위해서는 자신의 사고와 육체를 묶고 있는 도덕의 굴레를 벗어야
했다.

부귀와 영화를 다 가진 왕자로서, 그리고 왕을 봉양하고 아
내를 돌보고 백성과 나라를 다스려야 하는 도덕적이고 영적인 의
무 속에서는 '내가 누구이고, 왜 존재하고, 왜 고통당하고, 또 그렇
게 죽고 다시 태어나야만 하는가' 하는 거대 질문의 답을 찾을 수
없었다. 그래서 붓다는 이 존재론적 질문의 강도가 극에 달하고, 해
답을 찾기 위한 심각한 여정을 이겨낼 건강한 신체와 성숙한 지성
을 가진 청년의 시기에 도덕을 떠났던 것이다.

오늘날 우리 사회도 이미 세워져 있는 도덕의 기초 아래 돌

아가고 있다. 도덕의식은 본유적인 것이지만 도덕의 기준과 규정은 사회와 공동체 그리고 시대가 정하는 것이다. 청년들이여, 시대가 제시한 도덕 기준에 도전할 용기가 있는가? 청년 붓다가 더 나은 진리를 찾기 위해 힌두 사회가 규정한 도덕을 떠났던 것처럼, 필요하다면 사회가 던진 도덕적 잣대에 도전할 수 있는가?

시대의 잣대와 윤리를 거스른 청년 붓다는 자아의 존재 자체를 부정함으로써 힌두 계급사회의 뿌리를 공격했고, 모든 존재가 궁극적으로 해탈할 수 있으니 만민이 평등하다고 주장했다. 그의 도덕적 일탈은 도덕의 파괴가 아니라 도덕의 새 지평을 열었다. 신체적으로나 지적으로 미숙한 소년이 아니었고, 이미 시대와 삶에 몸과 마음을 묻고 정착한 장년이 아닌 청년이었기 때문에 가능한 일이었다. 사람은 로봇이 아니기 때문에 옳고 그르고, 해야 할 것과 하지 말아야 할 것을 학습으로만 배우지 않는다. 청년은 스스로 생각하고 깨치고 정립해야 한다.

아랍 사회의 옳고 그름에 도전한
마호메트

마호메트도 자힐리야로 표현된 아랍 사회의 도덕을 과감히 뛰어넘었다. 시대가 정의한 옳고 그름의 표준에 도전했던 것이다.

먼저 전통적 노예제에 반기를 들었다. 전-이슬람 사회pre-Islamic society:이슬람교가 생겨나기 이전의 아랍 사회에서 노예들은 가축과 같은 지위에 있었지만, 마호메트는 그들에게 인간의 지위를 처음으로 부여했다. 그리고 당시는 부족사회였기 때문에 개인들은 자신을 보호해줄 부족에 속해 있지 않으면 인간으로서의 지위를 유지할 수 없었다. 마호메트는 도덕의 표준이 '부족tribe'이었던 시대에서 신의 계시를 통해 인간을 세계적, 우주적 공동체 안에서 바라보기 시작했다. 인간의 근원이 부족이 아니라 신God이라는 사실을 깨달았고, 모든 사람이 평등하다는 자신만의 도덕적 표준을 세웠다.

시대가 만들어놓은 도덕은 인간관계의 표준뿐 아니라 인생의 표준까지 통제하고 있었다. 하지만 마호메트는 시대가 합의하고 승인한 도덕에 도전함으로써 새 인생관을 열었다. 그리하여 당시 재산적 가치로만 여겼던 여성의 사회적 지위도 향상시켰다. 그리스나 로마처럼 진보된 사회에서조차 볼 수 없었던 상속권을 여성에게도 포괄적으로 부여하기 시작했고, 무분별한 성 차별과 일부다처제에 제동을 걸었다. 어린아이 또한 재산 목록의 가치에서 상속권을 지니는 독립적 인격체로 대우하기 시작했다. 나아가 부족의 전통과 관습에 의해 통제되었던 사회를 '메디나의 헌법The Constitution of Medina'에 의해 통치되는 법치사회로 발전시켰다.

마호메트가 자힐리야 시대의 도덕에 순응하고 살았더라면 별 탈 없이 부와 명예를 누리고 평생 잘살 수 있었을 것이다. 하지만 그랬다면 아랍 사회가 중세 기독교 세력을 견제하고 그에 대항

하는 패권 문명으로 성장할 수 없었을 것이다. 마호메트를 위대한 인간이자 혁명적 인간으로 만든 것은 시대가 규정한 성공의 법칙이나 도덕이 아니었다. 스스로의 눈으로 자신과 세상을 보고, 스스로 발견한 소명에 충성하고 매진했기 때문이다.

마호메트는 도덕적 삶을 살려 하지 않았고, 그 스스로 도덕의 저자가 되기를 원했다. 오늘날 그를 따르는 17억 무슬림들은 코란을 통해 신의 뜻을 분별하고, 순나Sunna : 마호메트의 말과 행동를 통해 참 도덕을 배우고 있다.

청년들이여, 도덕적 삶을 살기 원하는가? 그렇다면 먼저 타자에 의해 세워진 도덕적 표준을 깊이 있게 성찰하고 도전하라. 새로운, 아니 진정한 도덕이 당신의 존재, 아니 당신의 인생 안에서 나올 수 있도록 고뇌하고 또 고뇌하라.

자신의 종교를 뛰어넘은
'청년' 예수·붓다·마호메트

예수는 진정한 종교를 만나기 위해 유대교를 떠났다. 붓다는 진정한 영적 진리를 발견하고 깨닫기 위해 힌두교를 떠났다. 마호 메트도 진정한 신을 찾고 섬기기 위해 아랍의 전통적 다신교를 떠 났다. 마틴 루터Martin Luther, 존 캘빈John Calvin, 츠빙글리Zwingli도 진 정한 그리스도교를 찾기 위해 당시의 교회를 떠났다. 참 종교를 향 한 인류의 노력은 끝없이 진행되어 왔다. 그리고 그 노력의 중심에 늘 청년이 서 있었다.

참된 신을 만나기 위해
유대교를 떠난 예수

예수는 왜 유대교를 떠나야 했을까? 신의 아들임을 자처한 예수가 왜 그 종교를 버려야 했을까? 예수는 유대교Judaism를 떠났지만 유대 신앙Jewish faith을 버린 것은 아니었다. 예수는 유대인들이 믿고 살아온 종교를 완전히 새로운 관점 속에서 완성시켰다.

당시 유대교는 이미 소진한 배터리를 가진 플래시 라이트처럼 그 빛을 상실하고 있었다. 아무리 잘 정비된 고급 자동차라도 기름이 없으면 무용지물인 것처럼, 정교화된 율법을 통해 전승된 유대교는 이를 움직일 기름, 곧 사람들의 몸과 마음을 동시에 움직일 영감을 갖고 있지 못했다. 예수는 유대교에서 종교적 체제와 조직 그리고 전통은 보았지만 이를 살아있는 유기체로 움직일 사람들의 영성을 발견하지는 못했다.

유대인들 스스로는 신에게 가까이 가고 그에게 사랑받을 수 있는 비결을 가지고 있다고 자신했다. 모세를 통해 내려진 율법과 규례를 준수하고 선한 인간이 되는 것이 구원의 확실한 방법이라고 믿었다. 그들은 믿음과 진리의 기준을 이미 기록되고 승인된 성서와 이를 해석하고 가르치는 랍비들의 권위로 보았다. 구원의 방법이 율법으로 규정되고 완성되어 있으니 사람이 할 일은 이를 이해하고 성실히 순응하는 일이라고 믿었다. 한마디로 율법은 있으나 사람은 부재한 종교였다. 게다가 믿음이라는 것도 종교에 의해 강제된 것이지 사람의 삶 안에서 확신을 통해 자발적으로 우러나오는 실체가 아니었다. 신은 사람이 스스로 만나고 발견해야 할 대상이지, 연구되어야 할 학문적 주제나 암송되어야 할 주문이 아닌데도 말이다.

유대 종교의 구원론이 사람을 구속하는 것이었다면, 예수는 사람을 해방시키길 원했다. 예를 들어 유대교는 인간으로 하여금 신을 영화롭게 하기 위해 '할 것'과 '하지 말아야 할 것'을 분명하게 규정했다. 유대인들은 돼지고기나 비늘 없는 물고기를 금기시하는 따위의 엄격한 음식법이 있었고, 안식일에는 노동을 할 수 없었으며, 할례와 십일조를 행해야 했다. 이 모세의 법은 신을 섬기고 경배하기 위해 만들어진 신성한 법인 동시에 유대 공동체를 사회적으로 통합하고 통제하는 제도적 기능이기도 했다.

어린 시절 예수는 대부분의 유대인들이 그러했듯이 모세의 법을 착실히 지키며 살았다. 그러나 스스로 서기 시작한 청년 예수는 자신만의 관점으로 모세의 법을 바라보기 시작했다. 모세 율법의 가치와 동기는 온전히 인정하고 받아들였으나, '그것에 의해' 또 '그것만을 위해' 세워진 유대 종교에는 도전했다. 실제로 예수는 그의 유명한 산상수훈마태복음 5장 17절에서 자신은 율법을 폐하러 온 것이 아니라 완성하기 위해 왔다고 했다.

예수가 율법을 완성하러 왔다고 표현했을 때, 이 완성의 의미는 심오하다. 완성이라는 단어를 기존에 있는 것을 그대로 보존한 채 새로운 어떤 것을 추가해 마무리하는 것으로 이해하면 잘못된 해석이다. 예수의 콘텍스트 속에 완성이라는 의미는 기존의 것을 재해석 또는 재편을 통해 율법이 갖는 궁극적 가치와 목표를 실현해내는 것이다.

재해석과 재편은 혁명적 변화일 수 있다. 구약의 이사야서는 예언된 메시아, 곧 예수가 가질 소명을 '신의 법을 높이고 그를 경이롭게 만드는 것'이라고 했다. 여기서 '높인다'는 뜻의 히브리어 '가달gadal'은 넓히고, 위대하게 만든다는 뜻을 포함하고 있다. 따라서 완성이라는 의미는 개선이라는 부분적 진화가 아니라, 개혁이나 혁명처럼 기존의 법이 가지는 내면의 의미와 가치, 영은 보존하되 그것을 새로운 형식이나 패러다임으로 완전히 뒤집어엎는 극적 전환을 말한다.

예수는 신을 영화롭게 하기 위한 기존의 형식들이, 신을 향해 가지는 사람들의 믿음의 내용과 잠재성을 오히려 구속한다고 판단했다. 율법은 신을 향한 인간 사랑의 행위적 기술description이 되어야지 구속proscription이나 수단이 되어서는 안 된다고 믿었다.

청년 예수는 신을 만나기 위해 가족과 사회를 떠나 광야로 향했다. 신에 대한 사랑을 표현하기 위해 종교를 떠났다. 그가 떠난 종교는 신에 대한 사랑 자체가 아니라 제도화된 사랑의 방식이었다. 율법과 전통은 신을 향한 '우리의 사랑'을 표현할 수 있는 집단적 도구이기는 하지만, 신을 향한 '나의 이해'와 '나의 사랑'을 온전히 전달할 절대적 매체는 아니었다.

영성이 집단화되고 제도화된 것이 종교다. 예수는 사람들의 영과 마음을 모으는 종교의 순기능은 인정했으나, 그것이 종종 개인 스스로가 찾아 나서야 할 영적 여정을 가로막는다고 생각했다.

종교는 사람들로 하여금 신과 인간 존재에 대한 심오한 질문을 던지게 하기보다 쉬운 답만 이해하고 받아먹는 영적 저능아로 만들어버렸다. 다시 말해 사람은 종교를 통해 답을 구하려 할 뿐 질문을 하려 하지 않는다는 뜻이다.

이 시대 최고의 신학자인 월터 부르그만Walter Brueggemann은 그리스도교인들이 성서나 종교를 통해 확실성만을 찾고 구하는 데 집착하고 있다고 경고한다. 성서를 통해 신의 말씀을 읽고 해석하는 노력은 확실한 지식이나 교리를 얻기 위함이 아니라, 말씀으로 계시된 신과 교통하며 그와 신뢰, 충성 그리고 인격적인 관계를 맺어 나가는 것이라고 했다. 종교는 신과 교통하고 관계하는 통로이지 신을 가두어놓는 감옥이 아니라는 뜻이다.

신은 내가 찾아야 할 궁극적인 대상이다. 만물의 근원이 신이라면 신은 피조물인 내 안에서도 반드시 발견되어야 한다. 그의 흔적이 내 안에 있어야 한다는 말이다. 그러므로 신을 찾고 그의 음성을 듣기 원한다면 내 존재 '안으로 향하는' 여정을 떠나야만 한다. 예수는 신은 '안'에 있지만, 종교는 신을 '밖'에 둔다는 사실을 발견했던 것이다.

청년 그리스도인이여, 진정한 그리스도인이 되길 원한다면 예수처럼 종교로서의 그리스도교를 떠나라. 예수를 향한 믿음과 예수를 따르는 자들의 공동체는 종교가 된 바로 그 순간, 시대와 교권이 만든 교리의 노예로 전락했다. 예수는 교리적이지 않았고, 정치적이지도 않았을 뿐만 아니라 체제 지향적이지도 않았고, 철학적이지도, 신학적이지도 않았다.

예수는 권력을 멀리했고, 세상 관심과 인기를 멀리했다. 예수는 전통적 믿음과 예배 방식 그리고 신에 대한 이해에 도전했고, 친숙했던 사회적 관습과 도덕률을 넘었다. 예수는 영성으로는 전통주의자였으나, 행위와 실천에 있어서는 급진적 진보주의자였다. 그러나 이 시대의 교회는, 특별히 한국 교회는 예수를 현금 서비스 기계로 전락시켰다. 예수를 믿으면 성공하고 복을 받을 것이고, 기도하면 반드시 응답을 받을 것이라고 말한다. 교회가 신의 몸이라고 주장하며 끊임없는 헌신과 희생을 강조한다.

하지만 예수는 회당Synagogue을 세우지 않았다. 대신 사람을 세웠다. 사두가이파나 바리사이파, 곧 랍비가 되기보다 아픈 자, 소외된 자, 외로운 자들이 있는 낮은 곳 그리고 어두운 곳을 향했다. 예수는 세상에서 성공하고 경쟁에서 이길 수 있는 방법을 가르친 것이 아니라 원수를 용서하고 그를 위해 희생하고 사랑할 수 있는 방법을 보여주었다.

예수를 믿는다는 것은 세상과 사람을 향한 예수의 관점과 성품을 취하는 것이고, 예수의 삶의 방식을 따르는 것이다. 개인적 행복과 물질적 번영 그리고 절대적 교리 안에 묶여 있는 신을 주장하는 교회는 참 교회가 아니다.

부족 간의 무한 경쟁을 불러일으킨
다신교를 거부한 마호메트

아랍 사회를 세계 무대의 역사적 주인공으로 올려놓았던 마호메트 또한 참 신앙을 갖기 위해 과감하게 종교를 떠난 청년이었다. 그가 살던 시대의 종교는 사람의 영적 욕구를 해소시키던 해방구였지만, 극도로 분열적이고 충돌적이었던 부족사회를 효과적으로 통합하던 사회적 도구이기도 했다. 당시에도 사회를 이끌던 도덕이 있었지만 민족이나 왕국을 통합할 만한 규모의 도덕은 아니었다. 가족과 부족의 전통과 가치가 개인의 생각과 행위를 통제하던 시대였기 때문이다.

마호메트가 속한 아랍 사회는 다신교를 숭배하고 있었다. 7세기 서방 세계의 문명이 그리스도교로 통합될 때 아랍 사회는 360개나 넘는 신들을 숭배했다. 개별 부족의 가치와 이해를 초월할 수 있는 절대적 신이 없었기 때문에 아랍 사회는 그야말로 혼돈의 사회였다.

아랍인 모두가 함께 숭배하는 신이 없었던 것처럼 그들 모두가 합의할 만한 도덕적 규범 또한 존재하지 않았다. 신은 오로지 자신을 숭배하는 부족의 안위만을 위한 존재였다. 개별 부족을 초월한 거대 공동체를 다스릴 신과 종교가 존재하지 않았기 때문에 아랍 세계 전체를 통제할 윤리적 가치도 존재할 수 없었다. 이러한 다신교적 사회는 부족 간의 무한 경쟁을 불러일으켰다. 부족 간 습격과 착취는 일상이었고, 적자생존의 법칙만이 지배했다.

마호메트는 이 다신교가 아랍 사회의 발전과 개인의 삶의 가치를 저해하는 심각한 걸림돌이라 믿었다. 이런 상황에서 마호메트는 대다수 아랍인들의 신앙과는 달리 자신들의 믿음의 조상을 그리스도교와 유대교 신앙의 선조인 아브라함이라고 믿었다. 다시 말해 아브라함이 믿은 유일신을 믿는 것이 아랍 사회가 바로 설 수 있는 길이라고 확신했다.

다신교를 숭배하던 아랍인들은 절대적 도덕 가치를 믿지 않았고, 사후 세계에 대해 무관심했을 뿐 아니라 오직 물질적 세상인 이승만 믿었고 육체적 욕구를 만족시키는 데만 급급했다. 자힐리야 jahiliyya로 규정되는 이 다신교적 아랍 사회는 마치 21세기 지금의 우리 사회와 비슷하다.

오늘날 많은 사람들이 잘 먹고, 잘 입고, 잘 자고 하는 동물적 또는 육체적 필요와 욕구 충족에서만 인생의 의미를 찾는다. 마치 7세기 아랍인들이 자신과 가족 그리고 자신의 부족의 이해만을 위해 살았던 것처럼 오늘날 우리도 개인과 가족 그리고 자신이 속한 공동체의 복과 안위만 추구하며 산다. 내 인생에 있어 '너'는 관심 밖의 존재이거나 경쟁 상대일 뿐이다. 내 인생과 타자 그리고 세상을 이해하는 관점이 지극히 지엽적이다.

사람과 세상에 대한 이러한 얄팍한 시각은 종교에서 원인을 찾을 수 있다. 마호메트 시대의 경우는 이승this world의 필요만을 다루고 오직 그것만을 위해 존재하는 다신교였고, 오늘날의 경우는 인간의 영적 자존을 훼방하고 개인이 가질 수 있는 무한하고 심오한 영적 깊이를 가로막는 천박하고 상업화된 제도적 종교다.

참 진리를 찾기 위해
힌두교를 떠난 붓다

앞에서 이미 이야기했듯이 붓다 또한 참 종교를 찾기 위해 자신의 종교를 떠났다. 붓다는 뼛속까지 힌두교인이었다. 힌두교는 인간의 사회적, 영적 정체성을 카스트 제도에서 찾았다. 간략하게 네 개의 계급 집단으로 구성된 카스트 제도는, 사회적 통제를 위해 생긴 계급 행위가 아니라 『마누의 법전the Laws of Manu』에서부터 기록된 영적 질서의 사회적 표현이었다.

붓다는 카스트 제도의 상위 두 번째 계급인 크샤트리아에 속해 있었다. 특별히 기원전 5세기는 정치 지도자이자 전사 계급인 크샤트리아가 사회적으로 급성장하던 시기였다. 따라서 붓다는 최고의 권력과 경제적 풍요를 누리고 있었다. 카스트 제도의 최고의 신분은 브라만이었지만 붓다가 속한 무사 계급이 어떤 면에서 더 나은 지위였을지도 모른다.

힌두교의 구원론은 끊임없는 환생 과정을 통한 영적 해탈을 가르친다. 사람들은 자신의 영혼 '아트만atman'을 집착과 욕심으로부터 잘 보호해서 훌륭한 '도덕적 행위karma'를 통해 자신의 본분이 요구하는 '사회적 영적 의무dharma'를 성공적으로 완수하면 다음 생애에서 브라만으로 태어나 구원에 가까워질 수 있다고 믿었다. 그리고 브라만과는 달리 크샤트리아는 세상의 권력과 물질적 행복을 누릴 수 있는 특권이 있었으니 종교적 임무에만 집중하는 브라만보다 나쁠 이유가 없었다.

그러나 힌두교는 붓다에게 왜 모든 인간과 생명들이 고통당하고 또 서로에게 고통을 주어야 하는지에 대한 시원한 답을 주지 못했다. 예수와 마호메트가 기존 종교에서 지식과 지혜는 발견했지만 인생의 참 진리는 발견할 수 없었던 것처럼 붓다도 힌두교에서 진리를 찾지 못했던 것이다.

스물아홉 청년의 나이에 붓다는 자신의 안전지대인 왕궁을 떠나 세상의 광야로 향했다. 갈 곳도, 가야 할 곳도 정해지지 않은 채로 붓다는 보다 설득력 있는 진리를 찾기 위해 자신의 종교, 힌두교를 떠났다. 물론 제도적 종교로서 힌두교를 떠났다는 의미이지 힌두교의 가르침을 모두 버린 것은 아니었다. 예수가 유대교의 계시와 진리를 완성하러 이 땅에 왔다고 주장한 것처럼 붓다도 힌두교의 진리를 완성하고 삶과 우주에 관해 더욱더 큰 그림을 얻기 위해 자신의 종교를 떠났던 것이다.

그는 신과 우주의 진리가 무한하기 때문에 사람의 마음과 영이 제도적 종교에 갇혀 있어서는 끊임없이 솟아나는 새 계시와 영감을 담을 수 없다고 믿었다. 붓다는 어릴 때부터 부모, 가정 그리고 공동체를 통해 진리에 관해 배웠지만 배워 익힌 지식보다 스스로 깨치는 진리를 택했다.

그의 선택은 극단적이었다. 왕궁을 떠날 때 붓다는 호화로운 옷과 말을 버리고 소박한 헝겊 조각을 걸쳤다. 마땅히 봉양해야 할 부모도, 돌봐야 할 아내와 곧 태어날 아들도 버렸다. 권력과 부도 버렸다. 수천 년 동안 인도 사회를 지탱해 온 힌두교도 버렸다. 주변에 있는 모든 것들은 낡고 사라져 없어질 것들이었지만, 자신의 의식 속에서 끊임없이 솟아오르는 존재의 근원과 갈 곳에 관한 질문은 영원eternity의 도전이었다. 붓다는 이 존재에 관한 질문을 스스로 해결하고자 했다. 부모도, 아내도, 부도, 명예도, 사회적 지위도 그리고 힌두교도 해결할 수 없는 존재론적 고민, 붓다는 스스로 풀어보길 원했던 것이다.

종교성과 영성의
발달 4단계

도덕성의 진화에 관한 로렌스 콜버그Lawrence Kholberg의 분석은 종교성과 영성의 성장에 대한 우리의 탐구를 돕는다. 우선 콜버그는 사람의 도덕의식은 심리적으로 분석해볼 때 네 가지 단계를 거치며 성장한다고 주장한다.

그에 따르면 사람은 원초적으로 옳고 그름에 관한 도덕관념을 자신의 자연적 욕구에서 찾는다고 한다. 이것은 마치 도덕 교육을 배우기 전의 어린아이가 자신이 하고 싶고 갖고 싶은 것에 대해 떼를 쓰는 것과 비슷하다. 자신에게 이득이 되면 옳은 것이고, 해가 되면 나쁜 것이라고 생각하는 가장 원시적인 도덕관념으로, 도덕의식의 첫 번째 발달 단계라 할 수 있다.

모든 인류는 이 과정을 거쳐 왔는데, 종교성과 영성의 시작도 이와 비슷하다. 신이 존재하는지 그렇지 않은지, 또는 신이 나를 사랑하는지 그렇지 않은지를 그가 얼마나 나의 필요나 욕구를 충족시키느냐에 따라서 판단한다. 심리적이든 경제적이든 신이 나의 욕구와 필요를 채워주면 선한 존재가 되는 것이다. 이러한 종교성과 영성의 단계에서는 우리가 신을 숭배하는 것이 아니라 나의 자아와 나의 욕구를 숭배하는 것이다. 이것은 인류 역사 속에서 공동체와 문명이 생기기 전 수렵이나 자급자족으로 살던 원시사회에서 발견되는 샤머니즘적인 종교성이다. 신은 단지 나의 문제에 응답하는 존재일 뿐인 것이다.

오늘날 우리도 신이 나만을, 내 인생만을, 내 가족만을, 내 공동체만을 위한 존재로 생각하고 숭배하고 있다면 자연성에 근간한 원시적 종교성에 매여 있는 것이 되고 만다. 만약 유대교의 신이 유대인들만을 위한 신이고, 힌두교의 시바Shiva가 인도인만을 위한 신이고, 이슬람의 알라가 아랍인들만을 위한 신으로 남았다면 인류는 종교와 영성의 원시성을 벗어나지 못했을 것이다.

이러한 자연성에 근간한 원시적 도덕관념과 영성은 공동체와 권위의 형성으로 인해 차츰 사회적관습적 산물로 진화해 갔다. 이 시기에는 옳고 그름의 판단 주체가 더 이상 나 자신이 아니라 내가 속한 공동체와 나를 이끄는 권위자로 옮겨지기 시작했다. 마찬가지로 신 존재의 근거나 그를 믿는 이유가 내가 직접 경험하고 원해서가 아니라 가족이든 사회든 내가 속한 공동체가 원해서이기 때문이다. 종교가 개인의 실존적 경험의 산물이 아니라 사회적 산물이며 관습이 되어 버렸다는 말이다.

실제로 오늘날 많은 종교인들이 신앙을 공동체가 승인하고 요구하는 관습으로 받아들인다. 미국 대학에서 종교학을 가르치고 있는 나는 새 학기마다 종교학 개론 첫 시간에 신앙을 가진 학생들에게 왜, 어떻게 종교를 가지게 되었느냐고 묻곤 한다. 고등학교를 막 졸업한 대부분의 학생들은 자신의 종교를 부모나 공동체로부터 받은 사회적 전통이나 관습으로 설명하곤 한다. 다시 말해 이 시기의 종교는 신을 경험하는 행위가 아니라 사회가 신격화한 신비로운 이야기를 믿고 따르는 시기란 이야기다. 그들이 믿는 신이 존재하지 않는다는 것이 아니라, 믿음의 동기가 내가 중요시하는 사람들과 공동체에 있다는 사실이다.

종교성과 영성의 단계와 관련해 좀 더 깊이 생각하면, 사회적 전통으로서의 도덕과 종교는 계파적 일수밖에 없다. 왜냐하면 도덕과 영적 진리의 잣대가 '우리'에게 있기 때문이다. 여기서 '우리'는 '우주적 우리'가 아니라 '계파적 우리'다. 나와 직접적 관련이 있는 사람들의 이해와 유익 그리고 그들의 합의가 곧 기준인 것이다.

이러한 종교성을 가진 사람들의 마인드셋mindset에는 우리 교회가, 우리 종교가, 우리가 믿는 신만이 진리인 것이다. 여기서 진리는 신앙인 개인의 체험으로부터 나오는 자증적, 자존적 진리가 아니라, 사회적 합의와 권위가 세우고 인정한 진리다. 우리가 경험하는 대부분의 종교적 충돌은 이러한 사회적·관습적 종교의 한계를 넘어서지 못했기 때문이다.

사회의 핍박으로부터 시작한 그리스도교 신앙이 제도권으로 받아들여지고, 나아가 제도가 되었을 때 발생했던 문제들을 생각해보자. 예수를 위대하게 만들었던 것은 그가 자신이 속한 공동체의 제도적, 관습적, 사회적 통념의 문제와 한계를 발견하고, 그것들을 뛰어넘는 도덕성과 법의식 그리고 영성을 보여주었기 때문이다.

당시 유대 민족의 지성과 영성을 이끌었던 많은 랍비들도 다양한 지혜를 설파했지만 대부분 전통의 강화나 재해석의 한계를 넘지 못했다. 예수는 사회적 요구에 노예가 되어버린 영성을 해방시키길 원했다. 새로운 종교의 수립이나 완성을 목표한 것이 아니라 제도적 종교성 뒤편에 있는 진정한 영성을 찾길 원했던 것이다.

오순절 성령의 은혜를 받은 초대 교회 지도자들도 핍박받는 상황에서 복과 평화를 누리고 그것을 통해 영성을 키워 나갔다. 그러나 콘스탄티누스Constantinus 1세와 리키니우스Licinius의 밀라노 칙령에 의해 핍박으로부터 해방된 그리스도교는 권력과 부를 얻었지만 신앙의 본질을 지키지 못했다. 십자군 전쟁은 성지를 지키고 회복하는 성스러운 전쟁처럼 보였지만 실상은 교회가 정치와 경제 논리에 휘둘리는 하수인으로 전락하는 원인이 되었다.

마호메트의 이슬람도 당시 아랍의 야만적 종족 공동체의 한계를 극복하기 위해 우주적, 세계적 공동체를 만들기 위해 시작되었지만 아랍 문화의 지역성 또는 계파성을 극복하지 못했다. 예수와는 달리 신앙 공동체와 아울러 정치 공동체까지 수립하길 원했던 타이드Tawhid : oneness of God의 철학은 시간이 지나면서 곡해되어 이슬람의 영성을 물성의 노예로 추락시켰다. 이슬람 왕국을 세우고 확장하는 데는 성공했으나, 이슬람을 사회·문화적 DNA로 만들려고 했던 시도가 신앙을 오히려 천박하게 만드는 꼴이 되고 말았던 것이다. 전통을 유지하는 것이 중요하긴 하지만 영성의 팔다리를 사회와 관습에 묶이게 만든 것이다. 무슬림 여성들이 머리에 쓰는 히잡이 그 예가 될 수 있다.

현대 사회는 히잡을 무슬림 여성들의 사회적 불평등을 가장 잘 드러내는 예로 비판하는데, 이는 이슬람의 영성이 사회적 관습에 묶여 발생한 오해로 봐야 한다. 히잡은 이슬람 종교가 만들어낸 전통이 아니다. 이슬람의 등장 훨씬 이전에 아랍인들이 시리아와 이란과 교류하며 수용한 사회적 관습일 뿐이었다. 전-이슬람 사회pre-Islamic society：이슬람교가 생겨나기 이전의 아랍 사회 당시에 히잡은 여성들의 사회적 지위를 상징하는 도구에 지나지 않았다. 밖에서 일하지 않는 여성들이 주로 착용했고, 627년경 코란에 언급될 때는 특별히 마호메트의 아내들에게만 해당되는 특별한 전통이었다.

그러나 종교적 행위가 사회적 관습이 되거나 또는 사회적 관습이 종교적 행위가 될 때 영성의 오염은 불가피하다. 종교가 사회 속에서 높은 도덕관념을 제시하고 인간의 영적 욕구를 채우는 역할을 수행하는 것은 지극히 바람직하지만 그것이 사회적 필요를 채우는 도구로만 전락할 때 그 심오한 가치를 상실할 수 있다는 말이다.

힌두교의 카스트계급제도 개념도, 영혼이 우주의식으로 상승해가는 영적 진화 과정을 설명하는 철학이 인도 사회의 기득권 권력과 사회적 질서를 위한 이념으로 휘둘리면서 타락해버렸다. 브라만, 크샤트리아, 바이샤, 수드라의 영적 단계가 불변의 사회적 계급으로 전락하고 만 것이다. 사회 공동체의 노예가 된 불교도 비슷한 경험을 했다. 특별히 2012년 미얀마에서 불교인들이 200명 이상의 무슬림을 살해하고 15만 가구를 파괴하는 종교적 박해를 가했다.

이는 종교를 사회적 정체성으로 동일시하는 원시적인 정신성에서 빠져나오지 못했기 때문이다.

제도인 종교는 사회 안에 사회를 위해 존재할 수 있지만, 신과 신성을 만나는 참 종교성과 영성은 많은 경우에 비사회적non-social일 뿐 아니라 반사회적anti-social이고 때로는 초사회적meta-social이다. 이는 사회적 합의나 수긍, 또는 강제로 신을 경험하게 할 수 없다는 말이다. 우리는 참 종교를 통해 사회적 경계를 넘어야 한다.

도덕관념 진화의
3, 4단계

콜버그가 주장한 도덕관념 진화의 세 번째 단계는 도덕 자체에 도전하고 그것에 반항하는 단계다. 사람은 육체적 욕구의 팽창과 아울러 생각하는 머리가 커지면 사회적 규범이나 요구에 의문을 갖거나 반발하기 시작한다. 꿈과 희망의 규모가 가진 능력과 처지보다 클 때 좌절하고, 수긍할 수 없는 일을 던지는 사회와 권위에 도전하게 된다.

마찬가지로 종교성에서도 '사회적관습적 종교성'을 벗어난 이들은 그것의 뿌리 자체에 물음을 던지고 도전한다. 부모와 공동체가 믿는 신앙이 자신의 이성적 호기심과 요구를 충족시키지 못할 때 의심을 갖기 시작하고 불안해한다. 특별히 자아에 관한 의식이 확대되면서 타아가 던진 진리에 회의를 갖기 시작한다. 이는 아나키스트anarchists:무정부주의자, 무신론자 그리고 불가지론자들을 양산한다.

도덕관념 진화의 첫 단계가 자연성에 기초해 있다면 이 세 번째 단계의 토대는 이성과 에고ego의 성장으로 인해 발생한 반항성과 회의성이라고 볼 수 있다. 질서 정연하게 보였던 세상이 더 이상 합리적으로 보이지 않고, 인정했던 권위는 포악하게 느껴지며, 친근했던 이웃이 이방인으로 느껴지기 시작하는 시기다. 창조적이든 파괴적이든 '나'에 몰입하고 심취하는 단계다.

논리와 합리성에 도취한 자아는 형이상학적 진리 주장을 도외시하고 권위에 의해 강제된 도덕률에 도전한다. 내가 볼 수 있고 만질 수 있는 가치에 관심을 두고, 내 인생에 직접적으로 연관된 도덕만 인정하고, 내게 실체적이고 실재적이지 않는 신적 존재는 생각조차 하지 않는다.

그러나 도덕관념의 진화와 마찬가지로 종교성과 영성의 마지막 단계는 '밖'으로 더 진화되어 나가는 것이 아니라, 내 '안'으로 심화되고 성장해가는 단계다. 우리의 에고ego를 향한 욕구와 관심이 극점에 도달했을 때 한계를 경험한다. 세상에 내 자아를 중심으로 세워놓고 살 때 만족감보다는 오히려 허무함을 맛보게 된다. 내가 인생의 주인이고 모든 가치의 중심에 섰다고 생각하고 살아가는 자아는 이내 인생이 별 볼 일 없음을 깨닫게 된다. 아주 사소한 질병이나 보잘것없는 세상의 문제에도 쉽게 쓰러지는 자아를 경험할 때 내가 중심이 된 세상은 심오하거나 가치 있게 느껴지지 않는다는 뜻이다. 이 단계는 에고ego가 중심이 된 삶의 한계를 경험하고 자아에 대해 처절한 실패를 맛본 이들이 주로 도달할 수 있는 단계다.

　　우리는 자연의 요청, 사회적 요청 그리고 자아의 요청을 통해 형성된 도덕관념이나 신 의식이 소진되었을 때 비로소 다시 태어난다. 내 본성자연성 또는 육체성의 한계를 보았고, 내가 속한 공동체의 한계를 보았고, 내 존재 자체의 한계를 경험한 자가 가질 수 있는 창조적 특권은 눈에 보이고 만질 수 있는 것 이상을 추구하고 탐구하는 종교성과 영성이다.

　　이미 언급한 사회·관습적 단계에 존재하는 종교는 제도적 종교이지 영성으로서의 종교는 아니다. 나 스스로가 우주와 인생이 말하는 바를 직접 찾아 나설 때 참 종교와 참 영성을 만날 수 있다. 예수, 붓다, 마호메트, 공자, 노자, 그 어느 누구도 종교를 만들지 않았지만 그들 모두가 인생의 근원과 목적 그리고 참 가치를 발견하고 살기를 노력한 자들이다. 진정한 그리스도인은 예수를 자신 안에서 발견하는 자들이다. 그리스도교 신앙이란 '자신 안에서 발견한 예수'의 사회적공동체적 표현일 뿐이다.

교회에서 그리고 절에서 자신의 자연적·육체적 필요를 채우려고 하는 사람은 종교성의 첫 단계에 있는 자들이다. 자신만의 욕구를 충족시키기 위해 계산기를 두드리고 교회와 절을 기업처럼 성장, 확장시키려고 하는 종교인들이 바로 그들이다.

그리고 종교를 삶의 족쇄로 만든 자들이 종교성의 두 번째 단계에 있는 자들이다. 이때의 종교는 사회적, 문화적 권위가 되어버린 종교인데, 종교적 의무에 매여 변화를 타락으로 생각하는 무슬림과 힌두 전통주의자들이 그들이다. 우리는 신학이나 교리가 신앙의 지적, 사회적 묘사이지 그것의 본유적 내용으로 이해해선 안 된다.

많은 종교인들이 정통성에 죽고 살지만, 정통성은 신에 대한 믿는 자들의 공통된 경험을 옳고 그름의 도덕률 안에 일반화, 단순화시킨 지적 산물일 뿐이다. 진정으로 신을 만나는 행위는 이론이기보다 삶이고 행동인 '행위의 정당함'으로 봐야 한다. 무엇을 하고, 어떻게 해야 신을 경험할 수 있느냐에 대한 노력이 참 종교성이고 영성이다.

나는 우리의 정신을 제도적 종교에서 초월시킬 수 있어야 신에게 가까이 갈 수 있다고 생각한다. 눈에 보이고 손으로 만질 수 있고, 욕구만 충족시키는 감각적인 신적 경험은 결코 오래가지 못한다. 신을 만나는 종교성은 진화한다. 개인적 욕구에서 시작된 종교성은 사회적 욕구에 의해 정교화되고 제도화되는데, 이는 궁극적

으로 개인 스스로가 신을 경험할 수 있는, 살아 있는 영성으로 발전
되어야 한다.

안전지대를
떠나는 존재 '청년'

청년이 되어 장성했으면 부모와 가족을 떠나야 한다. 예수가 자신을 찾은 어머니 마리아를 향해 '여인이여!'라고 부르며 세상의 모든 사람이 내 형제요 가족이라 했던 것처럼, 또 아름다운 아내와 부모를 떠난 청년 붓다처럼, 고아인 자신을 보호하고 길러주었던 쿠레이쉬 부족을 떠난 마호메트처럼 가족을 떠나야 한다.

가족을 떠나라는 말은 가족을 버리라는 의미가 아니다. 예수가 떠난 것은 자신을 사랑하고 길러준 가족이 아니라 '자존self-reliance'을 막는 가족 체제 또는 전통이라는 올가미였다. 붓다가 떠난 것은 언제나 자신이 잘되길 바라고 끝없는 사랑을 베푼 아버지 수도다나Suddhodana와 어머니 마야Maya 그리고 아름다운 아내 야소다라Yasodhara가 아니라 자신의 영적, 지적 호기심을 막는 집착이었다. 마호메트가 떠난 것도 고아가 된 자신을 정성으로 보살핀 삼촌 아부 탈립과 그 부족 바누하심이 아니라 야만적, 퇴행적인 아랍 문화와 그 가치인 자힐리야였다.

진짜 인생을 찾기 위해서는 안전지대의 핵심인 가족을 떠나야 한다. 가족은 유아기, 소년기에는 당신을 먹이고 입히고 지켜주는 울타리 같은 존재였지만, 실존적 문제에 당면한 당신에게는 플라톤의 동굴이다. 특별히 유교적 전통이 강한 한국 사회에서 부모와 가족을 떠나라는 말은 부덕하게 들릴지도 모른다. 나를 정성으로 키우고 지켜준 가족을 어떻게 떠날 수 있단 말인가?

　　그러나 청년의 시기에 왜곡되고 과한 가족의 관심과 기대는 당신을 동굴의 노예로 만든다. 그리하여 당신은 부모의 은혜에 보답하고, 그들을 돌보기 위해 살고, 그들을 행복하게 해주기 위해 살게 된다.

　　부모의 사슬, 형제의 사슬, 친족의 사슬을 끊어라. 청년이 된 당신, 존재 이유를 스스로 찾아 나서야 할 때다. 당신 내면의 목소리가 당신이 누구이고, 누구여야 하고, 어디로 가야 한다고 말하고 있는가? 그렇다면 그에 진지하게 응답하라. 그 소명에 당신의 열정을 쏟아라. 인생의 꽃을 활짝 피워라. 그것이 아름다운 삶이고, 자연이며, 행복의 시작이다.

부모를 떠난다는 것의
의미

　　부모를 떠난다는 것은 육체적 분가만을 의미하는 것이 아니라 심리적, 정서적 분리를 의미한다. 잘 먹고 잘 자고 잘사는 동물적, 자연적 필요만 강조하는 부모와 가족을 떠나지 않고 인생이 주는 심오한 가치를 누릴 수는 없다.

　　대한민국 사람들은 공자의 오륜에 관한 오랜 가르침과 믿음으로 인해 자기 자신을 부모와 가족과 분리해서 생각하는 것을 두려워한다. 부모와 가족은 평생 동안 내 인생을 정의하는 데 핵심적인 일부라고 배워 왔기 때문이다. 이것은 자아 정체성에 관한 공자의 동심적concentric 사고에서 비롯되었다. 곧 내 존재가 가족과 사회, 국가 그리고 우주와 밀접하게 연결되어 있어 함께 성장하고 이루어져 나간다는 철학이다.

　　내 생각과 내 모습 그리고 내 행동은 나를 대변할 뿐 아니라 내 부모와 가족을 대변하고, 나아가 내가 속한 공동체를 대변한다는 것이 유교적 사고다. 개인적 사고와 행동은 하늘의 원리理를 따라야 하는데 이것은 내 개인적인 삶뿐 아니라 가족과 사회 그리고 우주를 조화롭게 움직이는 법칙이다. 부모를 공경하고 가족을 귀히 여기는 심성이 우주의 심성이자 원리이고 이것이 사회와 우주를 이롭게 할 수 있다는 철학이다.

그러나 이러한 공자의 철학은 개인의 도덕적 사유 능력이 낮고 사회적 질서가 확립되지 않은 춘추전국 시대 같은 상황에서는 합당하다고 본다. 개인의 지성과 도덕성이 구축되기 전에 공동체의 경계선이 먼저 확립되어야 하고, 그것의 정치적, 사회적 안정이 전제되어야 하기 때문이다. 경계로서의 공동체 그리고 의식으로서의 공동체가 세워지지 않으면 강하고 일관성 있는 도덕 사회는 기대하기 힘들다. 공동체가 없으면 도덕이 없고, 도덕이 없으면 사회가 없고, 적자생존의 자연성만 있을 뿐이다. 그러므로 바로 가족이 개인으로 하여금 가장 초보적이지만 핵심적인 공동체 의식을 부여한다. 한 가족의 구성원으로서 개인은 자기 인생의 기원을 이해하고, 삶의 가치와 목적을 부여받게 된다. 이런 가족 체제가 대가족으로 확대되고 씨족, 부족 그리고 봉건적 공동체 나아가 민족이나 국가로 진화하게 되는 것이다.

그러나 인간 세상은 발전하고 변화해왔다. 우리는 더 이상 가족이 중심이 되어 돌아가는 사회에 살고 있지 않다. 이는 줄어든 가족의 사회적 가치만을 의미하는 것이 아니다. 나이가 들어 육체적으로, 지적으로 성숙한 개인은 가족으로부터 받던 물질적, 정서적 원조를 끊어야 한다. 가족을 떠나야 진정한 자신을 발견할 수 있고, 삶 속에서 일어나야 할 잠재성을 깨울 수 있다는 말이다.

특별히 대한민국의 많은 부모들은 자식을 통해 자신이 원하는 또는 원했던 정체성을 투영하고자 한다. 이루지 못한 꿈과 맺힌

한을 자식을 통해 이루고 풀기를 원한다. 그 결과 자식들에게 쏟아 부은 정은 스스로도 느끼지 못하는 사이에 돌려받아야 할 현금 가치가 되고, 그것을 기대하고 집착하게 된다. 정은 이내 사랑에서 비롯된 연민과 배려함이 아니라 자식들로부터 채워져야 할 기대감으로 변질되고 만다.

자식들이여, 청년들이여, 부모를 떠나라. 그것이 자연의 이치고 삶의 이치다. 부모와 가족을 떠날 때 당신은 새 형태의 부모, 새 시대의 형제와 공동체를 만난다. 새 형태의 부모는 당신 존재의 생리학적 기원을 설명한 육체적 부모를 넘어 궁극적 기원을 설명할 '신적 존재divine being' 또는 '신적 지경divine state'이다. 새 공동체는 동일한 종species으로 만나는 인류 공동체이고, 동일한 생명으로 만나는 자연 공동체다. 부모를, 가족을 떠날 때 그래서 스스로 서서 사람과 자연과 마주할 때, 그리고 극도의 외로움에서 우러나오는 태생에 관한 질문에 고민하는 순간, 참 자아를 마주할 수 있게 된다.

성경은 부모를 떠나는 것이 인생에 어떤 가치를 줄 수 있는지 분명하게 가르치고 있다. 창세기 2장 24절에 '이리하여 남자는 어버이를 떠나 아내와 어울려 한 몸이 되게 되었다'라고 한 것은 단지 여자와의 결합만을 이야기하지 않는다. 장성하면 부모를 떠나는 것이 합당하고 자연의 이치라는 말이다. 부모 인생을 사는 것이 아니라 내 인생을 사는 것이 순리라는 뜻이다. 아브라함도 신으로부터 본토와 친척, 아비를 떠나라는 명령을 받았다. 바로 그곳에 본격적인 새 인생이 기다리고 있었다.

가족공동체를 떠나
유대 공동체로 나아간 예수

누가복음 2장은 유년기 시절에 이미 예수가 부모의 품을 떠나는 모습이 기록되어 있다. 어린 시절 예수는 유대교 회당을 혼자 찾아가 신의 말씀을 들었고, 랍비들과 논하기를 즐겼다고 했다. 힘겹게 찾은 예수의 부모가 왜 말도 않고 회당에 있느냐고 꾸짖었을 때, 예수는 오히려 왜 자신을 찾았냐고 반문하고 '내가 아버지의 집에 있을 줄' 몰랐냐고 되물었다.

여기서 예수가 부모 곁을 떠나 회당에 있었다고 했는데, 장소가 갖는 상징적인 의미가 크다. 부모의 가르침과 보호를 스스로 떠나 회당에 간 소년 예수는 자신이 있어야 할 곳을 이미 알고 있었다는 말이다. 토라Torah를 읽고, 기도하고, 랍비와 논하는 곳이 자신이 있어 할 장소임을 알았다는 의미다.

회당은 신과 소통하는 공간인 동시에 유대 공동체를 집약하는 장소다. 예수는 가족공동체를 떠나 유대 공동체로 나아간 것이다. 회당이 집약하는 유대 공동체는 단지 혈연 공동체뿐만 아니라 사회적, 종교적, 문화적, 법적 공동체를 포괄한다. 회당으로 들어간 예수는 신을 만나고 그의 말씀만 들은 것이 아니라 유대 사회와 가치를 만났다는 말이다. 여기서 소년 예수를 특별하게 만든 것은 부모의 손에 의해서가 아니라 그 자신이 스스로 회당에 들어가 자신이 있어야 할 자리와 소명을 찾았다는 점이다.

비슷한 예로 청년 예수가 회당에서 심오한 가르침을 설파하고 병자를 치유하는 능력을 행할 때, 그의 가족들을 아는 이들은 '저 사람은 그 목수가 아닌가? 그 어머니는 마리아요, 그 형제들은 야고보, 요셉, 유다, 시몬이 아닌가? 그의 누이들도 다 우리와 같이 여기 살고 있지 않는가?마가복음 6장 3절' 하고 예수를 무시했다고 기록하고 있다.

이에 예수는 '어디서나 존경받는 예언자라도 자기 고향과 친척과 집안에서만은 존경을 받지 못한다마가복음 6장 4절'라고 말한다. 마찬가지로 예수와 제자들이 가나안 혼인 잔치에 초대받았을 때도 비슷한 가르침이 기록되어 있다. 어머니 마리아가 예수에게 다가가 포도주가 떨어졌다고 알렸을 때 예수는 퉁명하게 '여인이여, 나와 무슨 상관이 있나이까? 내 때가 아직 이르지 아니하였나이다요한복음 2장 4절'라고 냉정하게 답한다.

또한 요한복음 7장에는 예수의 형제들이 예수에게 유대로 가서 얼굴을 알리라며 감 놔라 배 놔라 하는 모습이 나온다. 마찬가지로 예수는 '내 때가 아직 이르지 않았다'라고 무시한다. 그리고 예수가 군중들에게 설교할 때 그의 어머니와 동생들이 그를 보고자 청할 때도 '누가 내 어머니이며 내 동생들이냐?' 하고 되묻고 '누구든지 하늘에 계신 내 아버지의 뜻대로 하는 자가 내 형제요 자매요 어머니이니라'하고 가족에 대한 전통적 개념에 도전한다.

이는 육체와 머리가 성장하고 스스로 인생에 대해 소명을 찾고 있거나 이미 찾은 청년들에게는 부모와 가족이 인생을 흔들거나 이끌 수 있는 자리에 있지 않다는 가르침이다. 그들이 돌봄을 받을 대상은 될 수 있지만 내 인생을 규정하거나 막을 권리나 지위에 있지는 않다는 말이다. 다시 말해, 어린 나이에는 가족과 부모의 역할이 생존과 성장에 필수적인 요소이지만 장성한 청년, 특별히 꿈과 소명을 향해 달리는 자들에게는 독이 될 수도 있다는 가르침이다.

스스로 선 청년은
반드시 가족에게 돌아온다

나는 대한민국의 청년들을 망친 것은 봉건적 유교성의 노예가 된 부모와 가족이라고 생각한다. 정치적 혼돈과 가난으로부터 급속하게 성장한 한국 사회에서 부모들은 자녀를 '인仁:humanheartedness'과 '예禮:propriety'의 균형을 이룬 진정한 군자君

구로 길러낼 물질적, 정신적 여유가 없었다. 알 길 없는 사람의 내면의 가치를 양육하는 데 투자하기보다 겉으로 보이는 멋스러움에만 집중하고 집착하게 되었다. 곧 내면의 심성보다는 그 심성을 드러낼 것으로 기대되는 외부적인 형식과 모습에만 집착해 왔다는 말이다.

어떤 옷을 입고, 어떤 집을 소유하고, 어떤 직장에서 일하고, 얼마만큼의 재력이 있는지가 인생의 성공 여부를 가늠하지, 어떤 가치와 소명을 위해 사는지, 어떤 의식을 가지고 사람과 세상을 대하는지는 관심 밖이었다. 사람들이 '속'의 질quality보다 '밖'의 양quantity에 목을 매게 되었다는 말이다.

오늘날 많은 부모들이 자식들로 하여금 밖의 '양'을 확대하길 갈망하고 있다. 이는 돈이나 사회적 지위, 겉모습 같은 밖의 '양'이 눈에 쉽게 보일 뿐 아니라 안의 '질'을 신속하게 대변하고 대체할 손쉬운 수단으로 여겨지기 때문이다. 그래서 나는 대한민국의 청년을 부모와 가족으로부터 해방시켜야 개인의 인생이 살고 공동체도 산다고 믿는다. 밖의 '양'은 부모와 타자에 의해 채워질 수 있지만 실체가 없는 가짜 인생에 불과하기 때문이다.

집을 떠난 청년은 스스로 인생과 부대낄 것이고, 그것이 던지는 치열한 도전으로 인해 부모와 가족이 주조해놓은 인성의 틀을 깨기 시작할 것이다. 부모와 가족에만 매여 있던 가치 체계는 세상으로 던져지는 순간 이웃과 사회 그리고 세상으로 확장될 것이고, 더 넓은 공동체에 걸맞는 인성을 스스로 찾을 것이다.

스스로 찾는 인생들은 획일적이지 않고 창조적이며 무한하고 타자를 위해, 타자를 향해 사는 방식을 배울 것이다. 아울러 독립된 삶이 필연적으로 야기하는 그림자와 같은 극도의 외로움은 개인으로 하여금 인생의 궁극적 기원과 방향에 관한 영적 질문과 씨름하게 할 것이다. 세상에 던져진 청년이 사람을 만나고, 세상과 자연을 만나고, 그리고 자신의 한계와 마주할 때 비로소 영적 여정이 시작된다는 말이다. 이 여정이 바로 개인의 자의식이 부모와 가족이 주는 안도감과 안주감에서 벗어나 세상 그리고 세상 밖, 보이지 않는 미지의 것들로 확장해 가는 과정인 것이다.

여기서 중요한 것은 스스로 선 청년은 반드시 가족에게 돌아온다는 사실이다. 청년의 시기에 소명을 위해 목숨까지 바친 예수와 붓다, 마호메트는 궁극적으로 다시 가족에게 돌아왔다. 그들 모두 '스스로 선 자'로 돌아왔다. 예수는 십자가를 지고 골고다를 넘는 고통 가운데서도 제자들에게 어머니 마리아를 돌봐달라고 부탁했고, 진리를 깨쳐 해탈한 붓다는 가족에게 돌아와 그들을 축복했고, 종교적 지도자로 거듭난 마호메트는 언제나 죽고 죽이고 분열하는 아랍의 부족사회를 전 인류적 가족공동체로 바꾸어놓았다.

나는 당신이 청년이라면, 당신이 당신 태생의 근원과 이유

그리고 목적에 관한 실존적 고민을 하고 있고 그 문제를 진정으로
풀기 원한다면, 가족을 떠나라고 말하고 싶다.

광야를
두려워하지 마라

광야는 외롭고, 목마르고, 적막한 공간이다. 그러나 광야는 내가 나를 만나고, 나를 그곳에 부른 더 높은 존재를 만나는 곳이다. 청년 예수도 광야에서 자신이 누구이고, 왜 이 세상에 왔고, 무엇을 해야 할지를 보았다. 마호메트도 히라 동굴이 있는 광야에서 신의 마지막 선지자로서의 소명과 새 계시를 받았다. 붓다도 힌두 요기들이 수행하는 광야로 나섰고, 그곳에서 진리를 깨쳤다.

광야는 배고픔의 고통이 있고, 예측 불가능한 곳이며, 두려움의 공간이다. 광야는 고독하고 적막한 곳이며, 피부에 스치는 황량한 바람과 호흡을 누르는 더위와 습도가 엄습할 때 내가 존재하고 있다는 사실을 일깨워주는 곳이다. 광야는 실패자와 잃어버린 자들의 공간이며, 삶으로부터 내동댕이쳐진 이들, 가야 할 길을 잃은 자들이 서 있는 공간이다. 광야는 실패의 모래바람이 날리는 삶의 치열한 지평이고, 살아야 할 이유를 잃은 자들이 삶을 묻는 곳이기도 하다.

원하든 원치 않든 광야에 던져진 청년들이여, 두려움을 버려라. 삶의 가장 어려운 시기, 광야에서만이 나 스스로를 가장 현명하고 객관적으로 바라볼 수 있다. 사람과 일 그리고 나를 향한 기대감으로 급박하게 돌아가는 일상 속에서 내 안의 목소리를 듣기는 쉽지 않다.

나를 찾는 타자의 목소리도 존재하지 않고 내 목소리를 들어줄 타자도 존재하지 않는 곳이 광야다. 광야는 내가 나를 바라보고 느끼고 스스로의 소리를 들어야 할 침묵의 공간인 것이다. 만약 당신이 외롭고, 적막하고, 황량한 광야에 던져진 것 같은 삶의 무게를 느낀다면, 오히려 이때가 나를 발견하고 다시 세울 적시라고 생각하고 흥분하고 기뻐해야 한다.

성경은 광야가 삶에 어떠한 유익을 가져다줄 수 있는지에 관해 지혜를 준다. 모세가 이스라엘 민족을 이집트로부터 해방시켰을 때 사람들은 환호했고 그를 절대적 선지자로 받들었다. 모두들 평생을 이런 해방감으로 살 수 있을 것이라고 믿었다. 그러나 그들을 기다리고 있는 것은 젖과 꿀이 흐르는 약속의 땅이 아니라 40년의 긴 광야 생활이었다.

오랫동안의 노예 생활도 지겨웠지만 수십 년의 광야 생활을 버텨내고, 또 그러한 상황을 신학적으로 합리화하고 정당화하기도 쉽지 않았다. 왜 선택받은 신의 백성들이 이 고통을 또 당해야 하는가? 이스라엘 백성들의 눈에는, 아니 선지자인 모세의 눈에조차 길

잃은 고아 같은 처지, 집 없는 유랑민 같은 처지를 받아들이기가 쉽지 않았다. 그러나 숙곳sukkot:유대교 초막의 축제. 광야 생활을 기념해 벌이는 가을 수확의 축제 같은 유대 민족의 절기를 통해 후손들이 계속해서 되뇌고 증거하듯이 이 광야의 여정 동안 이스라엘 민족은 자신들의 참 모습을 발견했고, 임박한 필요들이 무엇인지 깨달을 수 있었다.

아무런 도움도, 양식도, 힘도 없는 들개 같은 자신들이 믿고 의지할 수 있었던 것은 유대 공동체와 이를 이끄는 신적 존재뿐이었다. 유대 공동체가 족장 사회에서 왕국 시대로 진입할 법적, 제도적, 사회문화적 정비를 할 수 있게 만든 시기가 바로 이 광야의 여정이었다. 종교적 통합 없이, 다시 말해 동일한 신앙 없이 공동체가 굳건히 설 수 없다는 사실을 몸으로 배웠던 곳이 광야였고, 더 확장되고 복잡해질 왕국 사회에 필요한 법적, 도덕적 체계를 마련했던 곳이 바로 광야였다. 유대 민족이 광야의 여정 없이 약속의 땅 가나안으로 들어갔더라면 또 다른 노예 생활을 경험했을지도 모른다.

이스라엘의 위대한 왕이 되었던 다윗도 사울 왕의 질투와 위협으로 10년 이상을 광야에서 보내야 했지만 바로 그 경험이 그를 위대하고 용감한 지도자로 만들었다. 선지자 엘리야는 이세벨의 위협이 두려워 광야로 도망가 목숨을 끊기로 작정했으나 바로 그곳에서 신의 음성과 위로를 들었고 진정한 소명을 되찾았다. 예수가 올 것을 예비한 세례자 요한도 시장이 아닌 광야에서 메시지를 선포했고 사람들은 그의 메시지를 듣기 위해 광야로 나갔다. 그리스도교의 교리를 세우고 첫 선교 역사를 쓴 사도 바울 역시 자신이 듣고 깨우친 신앙이 사람에게서 온 것이 아니라 광야에서 신과 직접적인 교통을 통해서 온 것이라 주장했다.

광야는 버려진 땅, 죽는 곳이 아니라 다시 살고 일으키는 곳이다. 광야에 선 청년들이여, 신의 창조 사역은 혼돈과 칠흑 같은 어둠 가운데서 시작되었다. 광야는 우리가 고민하고 고통당하는 상황일 수도 있고, 마음을 짓누르는 상처일 수도 있고, 암울하게 만드는 의식이나 정신 상태일 수도 있다. 그러나 이를 지속하게 하는 것은 광야 자체가 아니라 우리 스스로가 세운 관점과 의지 때문이다. 광야는 약속된 가나안 땅의 그림자일 뿐이지 우리 존재를 삼킬 수 있는 살아있는 실체가 아니다. 광야는 내가 나를 만나고, 내 삶의 진정한 이유와 의미를 듣고, 또 그 가야 할 길을 깨치는 기회이자 현장이다.

성공과 실패에 대한
관점 바꾸기

이 시대의 청년들이 가장 두려워하고 자주 겪는 경험 중 하나가 실패다. 특별히 초고도의 경쟁사회인 한국에서는 한 번 실패가 인생에 던지는 심리적, 사회적 충격과 파장이 너무 크다.

수많은 자기계발서들은 성공을 위한 필연적 도구로 실패를 미화하거나 다가올 밝은 날을 위해 실패의 날들을 인내하라고 위로한다. 이러한 지혜는 실패를 인내할 수 있는 꿈의 부스러기를 던져주긴 하지만 언제 올지 모를 막연한 성공을 기다리는 일은 결코 쉽지 않다. 그리고 그 성공이 가져올 보상이 그동안 쏟아부은 희생을 상쇄할 수 있을지는 언제나 미지수다.

청년들이여, 성공과 실패라는 개념을 버리고 관점을 바꾸어야 그 너머에 언제나 존재하는 '삶의 맛'을 느낄 수 있다. 실패와 성공의 기준은 사건과 상황에 대해 사람이 어떻게 해석하고 받아들이는지에 관한 주관이다. 실패로 보였던 사건이 궁극적으로 복이 될 수도 있고, 성공이라 여겼지만 어떤 사람에게는 삶의 저주가 될 수도 있다.

성공과 실패의 기준은 사건과 대상의 객관적 가치에 있는 것이 아니라 사람의 관점과 판단 그리고 의지에 달려 있다. 마치 인생이 봄, 여름, 가을, 겨울을 통해 다양한 형태의 기후 변화를 경험하는 것처럼 성공과 실패도 인생의 온도, 계절과 흡사하다. 우리는 원하는 것을 갖지 못했을 때, 하고 싶은 것을 하지 못할 때 실패라고 부르지만 이는 겨울 동안 한 번은 꼭 겪어야 할 폭설이나 혹한과 다를 바 없다. 장마나 폭풍 그리고 폭설은 자연현상이라 그것에 불편함을 느끼고 답답해할 수는 있지만 그것 때문에 나 스스로를 원망하지는 않는다. 왜냐하면 춥고 더움은 언제나 있는 자연현상의 일부이기 때문이다.

성공과 실패도 인생의 온도, 계절, 날씨와 같다. 나 자신을 원망해야 할 사건이 아니라는 것이다. 적어도 시대의 청년들은 실패를 통해 성공을 이루어야 한다는 강박관념에서 벗어나 그 둘 모두를 내 삶의 귀한 일부로 넉넉히 받아들일 수 있는 담대함을 가지고 있어야 한다.

부모의 책임 하에 사는 유년기에는 독립된 인생의 성공과 실패를 논하기가 적절하지 않고, 책임져야 할 식솔을 거느린 장년기에는 실패를 인생의 일부로 받아들이고 즐기라는 말이 사치로 들릴 것이다. 그리고 노년기는 삶에 관해 깊은 의미와 가치는 터득했을지 모르나 다양한 인생의 계절 변화를 넉넉히 누리기에는 육체적인 한계가 있다. 그러나 시대의 영을 이끄는 청년은 성공과 실패의 무게에 둔감해져야 한다. 그것들이 일시적으로 육체를 편안하게 하거나 불편하게 만들 수는 있지만 마음까지 휘두르게 해서는 안 된다.

실패를 패배로 보는 시각은 인생을 사건 조각들의 구성체로 보는 관점 때문에 생기는 환시visual hallucination다. 성공이든 실패든 인생의 사건들은 서로 분리된 것이 아니라 삶이라는 긴 목걸이에 엮인 구슬과 같다. 각기 다른 색깔의 구슬일 수 있지만 함께 엮여 있을 때 독특한 색깔과 느낌을 준다.

마찬가지로 성공과 실패는 다양한 굴곡과 형태를 가진 길과 같다. 길을 걷노라면 오솔길은 물론 비탈길, 곧은 길, 덤불길, 심지어 곁길까지 만난다. 걸어야 할 길이 멀지만 꼭 가야 할 길이라면 길을 불평한들 무슨 소용이 있을까? 장시간 지루하게 뻗어 있는 곧은길로만 걷기보다는 동네 가운데 좁게 난 골목길을 걷고 싶기도 하고, 둑길이나 산골 깊숙한 곳에 난 두멧길을 걷거나 때로는 강가나 바닷가, 낭떠러지로 통하는 벼룻길을 용기 내어 걸어보고 싶기도 할 것이다. 그리고 가끔은 휘파람을 불며 두렁길을 달려보고 싶을 때도 있지 않을까?

길은 저마다 독특한 색감과 형태 그리고 느낌을 지닌다. 걷는 것 자체는 힘들 수 있지만 여정이나 목적이 뚜렷한 여행자는 길을 불평하는 데 에너지를 쏟지 않을 것이다.

PART 2

실존적 삶을 위한
청년의 Big Question

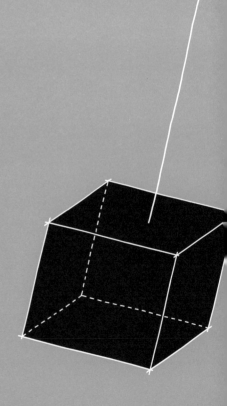

우리는 무엇을 위해 사는가

목적이 이끄는 삶 vs 탈목적적 삶

분명한 목표는 삶에 강한 동기를 부여하고 열정을 불어넣는다. 목표가 성취되었을 때 느끼는 쾌감은 실로 짜릿하다. 그러나 오늘날 우리는 목표가 범람하는 사회에 살고 있다. 쉴 새 없이 목표를 세우고 그것을 이루기를 강요받고 있다. 목표 없는 청년은 사회라는 기계에 쓸모없는 부품처럼 취급당하고, 목표 달성을 이루지 못한 인생은 실패자로 낙인찍히기 쉽다. 그러나 인생에 있어 대체 어떤 목표가 좋은 목표인가? 목표를 세우는 일이 과연 가치 있는 일이긴 한 건가?

인생에 있어 목표는 목표일 뿐 그 이상도 그 이하도 아니다. 특히 세워 놓은 목표와 자기 인생을 동일시하는 사람들에게는 목표 달성의 실패가 곧 인생의 실패가 되기 때문에 암울하다. 게다가 목표란 것은 불확실한 미래에 이루어지기 원하는 소망인 만큼 그것은 완전하게 우리의 통제권 안에 머무르지는 않는다. 노력해도 성취되지 않는 소망이 있고, 성취했다 해도 그 결과가 우리가 의도했던 행복에 미치지 못하는 경우도 비일비재하다. 또 목표에 쏟아부은 땀과 혼의 양만큼 실패했을 때의 실망과 좌절의 크기도 비례한다. 그래서 세워놓은 목표가 삶의 열정을 지피는 동력이 되기보다 현재의 나를 조롱하고 협박하는 의식 속의 깡패bully in consciousness가 되기도 한다.

목표를 추구하는 삶
vs 궤도 위에 있는 삶

청년들이 주력해야 할 것은 인생의 목표를 세우는 것이 아니라 인생의 궤도를 찾는 일이다. 목표가 성취해야 할 과업이라면, 궤도는 살기 원하는 인생의 대략적 방향이고 패턴이다. 목표가 보고 만질 수는 있지만 움직이지 않는 인생의 이정표라면, 궤도는 눈에 보이지 않지만 실재하는 '정신적-영적 자기력mental-spiritual magnatic force'과 같은 것이다. 물론 궤도가 인생에 있어 성취해야 할 대상을 부여해주지는 않는다. 하지만 삶에 대한 분명한 확신과 가치 그리고 안도감을 주는 것은 틀림없다.

인생의 궤도를 찾은 사람은 스스로 삶의 소명을 발견하고 그것을 성실히 그리고 즐겁게 응답하는 사람이다. 소명은 '사람의 총체생각, 감정, 행동'가 끌리는 인생의 방향이고 요구다. 이는 미래에 내가 무엇이 되고 싶고 무엇을 성취하고 싶다는 욕구라기보다는 현재의 마음과 생각이 끌리는 내 안의 요청이다.

소명을 가진 자는 미래에 대략적으로 어떤 인생을 살고 싶다는 흐릿한 소망을 가지고 있을 뿐 자신의 모든 의지와 노력을 '오늘의 소리'에 맞춘 자다. 목표에 집착하여 불확실한 미래에 현재의 내 모든 혼과 열정을 투기하기보다 오늘 원하는 것에 혼신의 힘을 다해 사는 삶이 궤도를 찾은 삶이다.

나는 궤도 위에 운행하는 삶의 여유를 직접적으로 경험한 사람 중 하나다. 많은 이들이 경험하듯이 젊은 시절에 인생의 여러 가지 목표를 세웠지만 그 중 어느 하나 제대로 이루어진 것이 없다. 언제나 실패의 연속이었다. 극작가가 되고 싶기도 했고, 연극 감독이 되고 싶기도 했고, 한때는 정치 운동가가 되고 싶기도 했지만 방황하기만 하고 빗나갔다. 어떤 분야는 나름대로 주변 사람들에게 실력도 인정받았고, 개인적으로 많은 노력을 기울이기도 했지만 매번 허사였다.

마찬가지로 대학 교수가 되어 종교와 철학을 가르치는 삶은 내가 젊은 시절 단 한번도 꿈꿔 보거나 계획했던 것이 아니었다. 인생의 여러 가지 사건을 거치며 자연스럽게 그곳으로 이끌려 갔으니 예측 불가능한 삶을 살았던 셈이다.

그러나 많은 실패에도 불구하고 나는 누구보다 행복한 삶을 살았다고 생각한다. 여러 인생 선배들의 가르침처럼 개인의 노력

정도와 목표 달성 그리고 그것이 가져다주는 행복감이 필연적으로 비례하지는 않는다는 사실을 일찍 깨달은 나는 목표를 쓰레기통에 던져 버렸다. 보장되지도 않은 미래의 목표 설정보다는 내가 지금 여기서 하고 싶고, 해야 할 일에 초점을 맞추기 시작했다. 따라서 나의 청년 시절에 성공과 실패를 가늠하는 잣대는 목표 달성의 여부가 아니라 내가 하고 있는 일에 소명이 있는지 없는지였다.

　　나는 생각과 마음 그리고 열정이 합쳐진 곳에 소명이 있다고 믿었다. 인생에 대한 명확한 목표는 없었지만 마음과 생각과 감정 그리고 몸이 함께 움직이는 일을 하니 아쉬울 것이 없었다. '사람의 총체생각, 마음, 행동'가 행하는 일이니 실패나 장애를 경험해도 수치스럽지 않았고, 그것을 삶의 일부로 넉넉하게 받아들일 수 있었다. 내가 무엇인가를 좋아해서 열정을 가지고 했다는 것 차체가 궤도를 타는 인생이었고, 그것이 곧 성공한 인생이었다. 그것으로 인해 얼마만큼의 돈을 버느냐 또는 어떠한 사회적 지위를 가지느냐는 실체가 아니라 그림자에 불과했다.

　　궤도와 목표의 차이는 분명하다. 목표는 내가 아직 이루지 못했지만 이루려고 노력하는 어떤 것이지만, 궤도는 이미 내가 올라선 곳이고, 하고 있고, 즐기고, 헌신하는 그 무엇이다. 궤도 위에 있는, 궤도를 타는 사람에게는 인생에서 꼭 성취해야 할 목표라는 것이 없다. 다만 내 발이 닿는 곳, 내 마음이 미치는 곳, 그리고 내 열정이 이끄는 것들을 지금 정직히 행하는 것뿐이다.

궤도에 오른 자는 뒤를 돌아보며 아쉬워하거나 억울해하지 않고, 도달하지 못할 목표를 향해 초조해하거나 좌절하지 않는다. 현재 마음이 움직이는 곳에 몸을 두는 것이고, 머리로 납득 가능한 일을 수긍하는 것이고, 가슴이 이끄는 곳에 인생을 던지는 것이다. 청년에게는 가슴을 당길 궤도가 필요한 것이지, 인생을 가둘 목표가 필요한 것이 아니다.

우리가 '목적 지향적'으로 살 수밖에 없었던 이유

개인이든 사회든 그것이 속한 시대의 여건과 요구필요가 만나 특정한 삶의 패턴을 만들어낸다. 그리고 이를 무시하면 문제가 발생한다. 예를 들어 '목적 지향의 시대'에서 '탈목적적인 인생'을 살면 발전 없는 낙오자나 방향을 상실한 방랑자가 되지만, 반대로 탈목적적 시기나 탈목적적 사회에 살면서 목적 지향적으로 살면 밑 빠진 독에 물을 붓는 아둔한 자가 될 수도 있다. 다시 말해 '목적을 통해 탄력 받는 삶'과 '목적으로부터의 해방을 통해 행복을 찾는 삶'을 결정하는 독특한 경제적, 사회적, 정서적, 종교적 콘텍스트가 존재한다는 말이다.

사회적으로 그리고 정치, 경제적으로 낙후된 사회에서는 공동체든 개인이든 오늘보다 내일을 더 좋게 만들 목표 수립이 절실하다. 암울한 현재의 고통을 잊고 그 문제를 해결할 방책은 목표를 세우고 그것에서 희망을 찾는 것이다. 내 생명을 지킬 수 있는 목소리와 내 목숨을 이어갈 빵이 없는 사회에서는 사람들이 목적 지향적이 될 수밖에 없다. 인생과 사회에서 이루어야 할 일이 너무나 많다는 뜻이다. 전후 한국 사회가 좋은 예가 될 수 있다.

　　국민들이 마땅히 누려야 할 정치적 권리는 둘째 치고 하루를 연명할 양식도 부족하고, 공동체를 유지할 기본적인 인프라나 사회적 통합마저 부족하니 인생의 심오한 가치나 철학 따위를 논할 여유가 없었다. 너나 할 것 없이 모두가 목표와 계획을 세우고 뒤돌아보지 않고 치열하게 살아야 했다. 생존과 성공 그리고 발전이라는 꿈은 우리 공동체 모두의 목표였을 뿐 아니라 처참한 환경 가운데서도 각 개인들이 살아야 하는 분명한 이유를 던져주는 촉매제였다.

　　암울한 현실에서 빠져나와 더 밝은 미래로 나아가기를 바라는 이러한 목적 지향적 사회관은 경제적 관점으로 볼 때 개발도상국적 인생관을 형성시켰다. 국가 경제에서도 분명한 장단기 계획이나 목표가 있듯이 인생에도 청사진이 필요하다고 느끼는 관점이다.

　　우리는 세상 물정 모르는 어린아이에게도 커서 뭐가 되고 싶으냐고 묻는다. 개발적 인간관에 있어서 바람직한 인생이란 자신의 목표가 분명하고 그것을 이루기 위해 성실하게 노력하는 삶이며, 그 목표를 온전하게 이루었을 때 훌륭한 사람이라고 칭찬받는다. 이러한 인생관에서는 목적이 없거나 그것을 이루지 못한 사람은 인생 낙오자나 무능자로 치부된다.

이러한 목적 지향적 인생관에서는 옳고 그름이 다분히 이원론적이다. 목적을 성취하면 선이 되고, 그것을 이루지 못하면 악이 된다. 흑 아니면 백이란 뜻이다. 경제적인 예로, 물질적으로 궁핍한 세상에서는 부의 획득이 곧 인생의 목적이 된다. 따라서 가난은 불편함이 아니고 악이 된다. 부를 가진 자는 목적을 성취한 자로서 선하고, 가난한 자는 그것이 태생 때문이든 미흡한 노력 때문이든 악한 자로 취급받는다.

사회적 관계도 마찬가지다. 목적 지향적인 사회에서는 인간관계가 개인이 세운 목적과 무관하거나 그와 위배되면 부질없다라는 평가를 받는다. 사회는 아무리 좋은 사람과의 관계라 할지라도 그것이 내 목적 달성에 장애가 된다면 내려놓아야 한다고 압박한다. 현재 우리가 처해 있는 문제적 삶을 생각하면 사람 자체를 좋아해서 관계를 유지한다는 것은 사치가 될 수밖에 없다는 것이다.

심리적 태도도 이와 유사하다. 개발도상국적 인생관에서 정서적 안정은 목적 수립에서 온다. 무엇이든 내가 이루어낼 것을 시각화하지 않으면 마음이 불안하다. 목적을 세운다는 것은 내 마음의 바람이 움직일 방향을 잡는 일이고 이를 통해 내 열정을 불태울 장작더미를 쌓는 일이다. 목적을 향해 달려가는 내 모습을 감상하며 쓴 과거의 울분을 씻고 기억을 지운다. 또 그렇게 목적을 바라보며 미래의 희망을 찾는다.

이처럼 삶의 문제를 결핍이나 궁핍에서 찾는 인생관에서는 종교나 영적 행위도 목적 지향적이 될 수밖에 없다. 그래서 여러 심각한 물질적 궁핍과 난관으로 얼룩진 대한민국 근대사에서 그리스도교는 성공적일 수밖에 없었다.

아버지의 왕국, 정의, 구원, 천국 등 분명한 목표를 제시하는 그리스도교는, 해방 후 봉건주의 시대에 갈 곳을 잃어 방황하는 국민들의 영적 요구에 정확하게 응답했다. 잔혹했던 식민지, 전쟁의 참상, 경제적 빈곤 그리고 정치적 부패는 교회 강대상에서 '죄'라는 신학적 개념으로 풀이되었고, 해방과 민족중흥 그리고 경제발전과 민주화는 사람들의 마음에 새 시대, 천국, 구원이라는 개념과 교차되어 전달되었다.

목적 지향적인 그리스도교는 경제적, 정치적 구원이라는 형이하학적인 공동체적 목표를 향해 달려가던 한국 사람들에게 영혼 구원이라는 형이상학적 목표를 함께 달성해야만이 온전한 인생을 이루는 것이라 설파했다. 빈곤 타파라는 목표는 이른바 그리스도교 신학이 말하는 '과녁에서 벗어났다'는 뜻의 죄의 타파와 어우러져 절묘한 인생관을 형성하게 만들었다. 가난과 불의에 맞서 싸우는 세속적 행위에 정의로운 아버지의 왕국을 이 땅에 세워야 한다는 신성한 명령이 더해져 사회적 발전이 가속화되었다. 대한민국 근대

사의 성공에 '목적을 필요로 하는 한국의 시대적 상황'과 '목적을 지향하는 그리스도교 신앙'이 결합하여 한몫 했다는 말이다.

'목적이 이끄는 삶'의 시대는 갔다
: 탈목적적 시대

그러나 모든 사회가 목적 지향적 인생관을 요구하지는 않는다. 예를 들어 사회적, 경제적, 정치적 결핍이 크지 않은 사회나 시대에서는 사람들이 목적이나 목표에 그다지 열광하지 않는다. 세상을 살면서 과거에 경제적 궁핍 또는 정치적 불의를 전혀 경험한 적이 없거나 아니면 과거에는 있었을지 몰라도 현재에는 없다면 목표 설정과 과업 중심으로 사는 삶이 그다지 중대하지 않을 것이다. 악을 쓰고 무언가를 이룰 것도 없고, 설령 세운 목표를 달성하지 못했다 해도 인생에 큰 문제가 되지 않는 시대라는 뜻이다.

못사는 나라에서는 잘사는 것이 인생의 중대한 목적이 될 수 있지만 이미 잘사는 나라에서 소유는 인생 자체를 쥐고 흔들 심오한 가치를 지니지 못한다. 이는 주로 경제적으로나 사회적으로 풍요로운 사회에서 발견되는 '탈목적적 인생관'이다.

탈목적적 시대의 사람들이 고통스러워하는 것은 원하는 목적을 성취하지 못해서 느끼는 빈곤감이 아니라, 목적 달성 이후에 찾아오는 공허함과 허무함이다. 그래서 정치적, 사회적, 경제적 안정을 이룬 공동체에 사는 인생들에게 필요한 것은 끊임없는 목표 설정이 아니라 오히려 그것으로부터 해방되는 것이다. 이것은 성공이라는 목표, 곧 신기루를 좇는 삶이 아닌, 자신이 머무는 곳 그리고 자신이 가진 것에 만족하고, 굴레 같은 목표와 목적들을 과감히 내려놓는 삶이다.

이 시대의 핵심적 고민은 더 이상 열정을 가지고 이루고 싶은 일이 없다는 것과 수많은 목표 달성 이후에 밀려오는 심리적 공허함과 궁핍감이다. 이러한 문제들은 새 목표를 수립한다고 해서 해결될 수 없다. 오히려 '목적이 이끄는 삶' 자체를 버리는 것이 해결책이다.

따라서, 탈목적적 사회에서 탈목적적 인간관으로 성장한 사람은 사람과의 관계를 목적 성취를 위한 수단으로 생각하지 않는다. 사람을 만날 때 그 사람 자체가 좋아서 만나는 것이지 그 만남이 내 개인의 목적에 어떤 영향을 미칠지에 관해 계산하지 않는다. 이는 인간관계까지 동원하면서까지 치열하게 이루어야 할 목표를 가지고 있지 않다는 말이다. 물질적으로나 정신적으로 스스로 결핍되어 있다고 느끼지 않기 때문에 남에게 기대거나 기대할 이유가 없다는 말이기도 하다. 그리하여 만나는 사람 자체의 가치를 존중하고 관계를 마음껏 누릴 수 있게 된다는 말이다.

지금 이 시대는 인간관계가 개인의 생존과 성공의 목표에 휘둘리는 것이 아니라 그 자체가 목적이 되어야 하는 시대다. 따라서 이 시기는 사회적 공간과 관계를 개인의 영달의 수단으로 전락케 한 왜곡된 맹모삼천지교의 덕목을 버리기를 요구한다. 사회는 내가 그저 살아나가는 공간일 뿐이지 무언가를 이루고 이겨내야 할 경기장이 아니란 뜻이다.

경제적으로 이야기하면 이것은 선진국형 인생관이다. 의식주의 해결과 기본적인 사회보장 시스템이 잘 구축된 사회에서는 동일한 목표를 향해 다른 구성원들과 치열하게 경쟁해야 할 이유가 없다. 독일은 최근 무상 대학교육 정책을 내놓았다. 좋은 대학에 가서 공부하는 것이 모든 청년들의 동일한 꿈이나 목적이 아니기 때문에 이 정책에 대해 재정적 파산을 걱정할 이유가 없다. 자기가 하고 싶고, 할 수 있고, 좋아하는 일을 해도 먹고사는 데 큰 지장이 없으니 우리처럼 악착같이 경쟁하고 살 필요가 없는 것이다.

이 현상은 세계 여러 나라에서 건너온 이주민들이 많이 사는 미국에서도 쉽게 발견된다. 물질적으로 부족한 환경에서 살다 온 수많은 이주민들이 미국이라는 사회를 바라보는 시각은 다분히 목적 지향적이다. 과거 나의 모습도 예외가 아니었다. 미국이라는 땅은 꿈을 실현해야 하는 땅이다. 그들에게 미국은 단순히 살아가는 곳이 아니라 인생의 목적 자체다. 대부분의 이민 자녀들은 부모로부터 목적 지향적으로 살도록 교육받는다. 성공을 위해 유익이 되는 친구를 사귀어야 하고, 우수한 학군에 살아야 하고, 명문 대학에 진학해야 하고, 능력있는 사람과 결혼해야 한다고 세뇌 당한다.

그러나 정작 같은 땅에 살고 있는 미국인들은 그다지 경쟁적이지 않다. 교수로서 나는 여러 학생들을 상담해보았지만 목표 수립과 달성을 인생의 성공과 동일시하는 경우는 극히 드물었다. 하고 싶은 것을 위해 목표를 설정하는 것은 똑같지만 그것을 목적 지향적 사람들처럼 신격화하지는 않는다.

탈목적적 시대와 종교
: 시대의 변화가 가져온 종교성의 변화

심리학적으로 이야기하면 인생에서 지속적이고 일관적으로 발생한 우호적인 물리적 환경은 사람들로 하여금 물질적인 가치가 줄 수 있는 행복의 한계를 자각하게 만든다. 원했던 것을 가지고, 하고 싶었던 것을 하고, 살고 싶었던 곳에 살아도 가슴 깊은 곳에 주리를 틀고 있는 불안감이 해소되지 않는 바로 그 시점에서 탈목적적 요구가 생기기 시작한다.

이 시기는 목적이 있는 것보다 없는 것이 정서적으로 더 안정적인 시기이고, 내가 무언가를 이루어서 행복한 것보다는 남을 돌보고 도우면서 마음의 평화를 찾아야 하는 시기다. 목적 지향적 사회에서는 사회적 과업 성취가 곧 자아실현과 동일시되었지만, 탈목적 시대에는 참 자아를 내면의 성찰에서 찾는다. 그래서인지 탈목적적 시대나 공간에는 탈목적적 종교가 지배적이다. 실제로 대부분의 선진국에서 목적 지향적 종교인 그리스도교가 힘을 잃어가고 있는 현상은 어제 오늘의 일이 아니다.

개발하고 성장하는 시대에는 분명한 목적을 제시하는 종교성이 환영을 받지만, 물질적 조건이 상대적으로 풍요로운 시대에서는 그것이 오히려 사람들을 피로하게 만든다. 막스 베버의 말대로 한때 산업 자본주의가 본격적으로 등장할 때는 시대적으로 건전하고 성실한 노동 윤리가 요구되었고, 따라서 이를 구원이나 은혜의 징표로 심오하게 설명할 수 있었던 그리스도교 신학이 환영을 받았다.

그러나 경제적으로 선진화된 사회는 또 다른 형태의 종교성을 요구하고 있다. 예를 들어 선진화된 서구 사회에서 불교의 성장은 눈부시다. 불교는 탈목적적 종교다. 인생의 과도한 목적 설정은 자아의 실체를 전제하고 있고, 타아를 경쟁 상대로 바라보는 시각은 자아의 개별성과 독립성을 전제한 믿음이다. 그런데 불교는 이를 무지ignorance라고 비판한다. 불교의 관점에서는 독립적으로 존재하는 개인도 없고, 천국으로 가야 할 영혼도 없다. 삼라만상이 카르마로 연결되어 있으니 나만의 목적이 의미 없고, 목적을 향한 의지나 열정 또한 지나치면 집착이 되니 좋을 것이 없다. 그래서 목적 달성을 통해 행복을 느끼지 못하는 탈목적적 시대에 살고 있는 사람들은 불교적 영성을 좋아한다.

현재 미국에서는 불교 신자가 전체 인구의 1%를 넘어서며 세 번째로 큰 종교로 자리 잡아가고 있다. 이는 1960년대와 비교하면 15배나 증가한 수치다. 호주도 마찬가지다. 1991년 0.8%이던 불교 신자는 빠르게 성장해 2001년 전체 인구의 1.9%가 되었다. 이는 호주 사람 50명 중 한 명은 불교 신자라는 뜻이다.

선진국으로 진입하고 있는 대한민국도 예외는 아니다. 2013년 한 조사에 따르면 대한예수교장로회 통합의 전체 교인 수가 2012년에 비해 41만 596명 감소했으며, 기독교 성결교도 57만여 명에서 55만 442명으로 2만여 명이 감소했다. 신학적으로 진보 교단인 기독교장로회도 전체 교인 수가 전년보다 8201명 줄어든 29만 7752명으로 조사되었다.http://www.newsdigm.com/sub_read.html?uid=3734

발전과 성장, 성공의 사회적 과업이 천국, 구원, 거듭남의 신학과 조화를 이루던 시대는 지나갔다. 먹을거리를 해결한 우리 인생이 고통받는 까닭은 목적 부재나 목적 달성의 실패가 아니라 목표 과잉 때문이다. 사람들의 삶의 여건이 좋아지고 교육 수준도 향상되고 영성도 발전했는데, 사회나 종교가 계속해서 목표를 세우고 달려 나가기를 강요한다면 심각한 문제다.

낙후된 시대에서 예수는 '구하는 이마다 받을 것이요, 찾는 이는 찾아낼 것이요, 두드리는 이에게는 열릴 것이다'는 구절처럼 목적 성취를 위한 요술램프의 지니로 이해되었지만, 탈목적적 시대에서 예수는 '내 안에 거하는 신'이다. 다른 말로 구원은 삶 밖에서 성취해내야 할 과업이 아니라 내 안에서 발생하는 의식과 의지의 변화라는 뜻이다. 이는 신과의 교통을 가능하게 하는 것을 목적이나 과업으로 보지 않고, 관계 형성과 존재론적 상태의 회복을 의미한다. 탈목적적 시대에는 '신을 위한 나'가 아니라 '신 안에 거하는 나'로 패러다임이 바뀐다는 뜻이다.

결론적으로 말하면, 특정 시대와 그 시대의 물리적 조건이 요구하는 인생관과 영성은 분명히 존재한다. 실제로 개발 시대에는 목적 지향적인 인생관이 긍정적 가치를 발휘하고, 선진화된 사회에서는 탈목적적 인생관이 더 적합하다. 이를 반대로 풀면 개발 시대에 불교적 영성이 득세하면 사회적 발전이 없고, 마찬가지로 물질적으로 풍요로운 사회에서 목적 지향의 그리스도교적 영성은 사람들에게 피로감을 안겨줄 뿐이다.

삶은 우연인가 필연인가

우연에서 필연으로

우연은 무작위로 발생하는 사건을 의미하지만 필연은 의미와 가치를 내포한 사건이다. 우연은 단발성일 수 있는 사건이지만 필연은 연속성 있는 사건이고 가치 있는 사건이다.

우리는 주로 사람과의 관계에 대한 가치와 의미를 딱 두 종류로 이해한다. 내가 의도하지 않은 우연한 만남과 내가 계획하고 의도한 만남이 그것이다. 우연히 만난 사람이라면 그에게 의미를 부여하긴 쉽지 않다. 우리는 흔히 나와 별 상관이 없거나 내가 좋아할 만한 사람이 아니라고 판단하면 깊게 대화하지 않을 뿐 아니라 만남을 지속하지 않으려고 하는 타산적인 습성이 있다. 반대로 어떤 목적을 위해 만난 사람이나 우리의 이익과 관련이 있다고 판단하는 사람에게는 쉽게 가치와 의미를 부여한다.

하지만 의사이면서 깊은 영적 세계를 통찰하는 것으로 이름난 디팍 초프라Deepak Chopra가 주장하듯, 우리의 삶에 우연이란 존재하지 않는다. 우연이 우연으로 보이는 것은 우리가 그 사건과 만남의 목적을 깨닫지 못했기 때문이다.

그리스도교는 인간이 신의 섭리를 이해하지 못하기 때문에 나와 직접적으로 관련 없이 스쳐 지나가는 사건과 사물이 무작위로 보이고 우발적으로 보인다고 말한다. 인간은 분명 자유롭지만 자신을 둘러싼 자연과 관계하고 자유의지를 가진 또 다른 인간과 관계한다. 신적이고 영적인 세계를 부인하는 유물론자들에게는 사물과 인생과 자연이 무작위적이고 물리 법칙의 산물에 불과하겠지만, 인간의 영성을 인정하는 철학과 신학에서는 모든 관계와 만남과 현상이 유의미하다.

그리스도교의 신은 만물을 창조할 때 분명한 이유와 목적을 부여했다. 인간으로 하여금 자연을 통해 생을 마음껏 누릴 수 있게 만들었고, 다른 인간과의 관계를 통해 신의 손길을 느낄 수 있게 했다. 그래서 우리는 만나는 모든 이에게 정성을 다해야 하고, 만나는 모든 이에게 도덕적이어야 한다. 이것은 신이 내린 명령이기 때문이 아니라 그것이 자연의 법칙이고 신의 섭리이기 때문이다.

예수는 만나는 모든 이에게 최선을 다했다. 한 사람 한 사람을 귀하게 여겼다. 창녀든 세리든, 유대인이든 이방인이든 사랑의 대상으로 보았고 또 그렇게 대했다. 예수는 인간을 자신의 정치적, 종교적 목적을 완수하기 위한 수단으로 삼지 않았고, 귀하고 의미 있는 대상으로 관계했다. 예수에게는 결코 우연의 만남은 없었고 필연적 만남만 존재했을 뿐이다.

1892년 미국 스탠퍼드 대학에서 실제로 있었던 일이다. 고아로 자란 18살의 학생이 학비로 고민하고 있었다. 당장 필요한 학비를 구하지 못한 이 청년은 친구와 함께 한 가지 기발한 생각을 해냈다. 당시 세계적으로 유명한 피아니스트였던 파데레프스키 Paderewski를 캠퍼스로 초청해 연주회를 가지는 것이었다. 이들은 파데레프스키에게 2천 달러의 공연료를 제시했고, 공연료를 제하고 남은 수익금으로 학비를 충당할 수 있을 것이라 생각했다.

그러나 생각과 달리 공연 수익금은 1천 6백 달러밖에 되지 않았다. 학비는커녕 파데레프스키에게 지급해야 할 공연료조차 마련하지 못했던 것이다. 어쩔 수 없이 이들은 파데레프스키에게 자초지종을 설명한 후 1천 6백 달러만을 건네며 나머지 400달러는 나중에 꼭 보내겠다고 조심스럽게 말했다. 그러자 돈을 건네받은 파데레프스키는 미안해하는 두 청년을 잠시 바라보더니 돈을 다시 돌려주며, 그 돈으로 학비를 충당하고 남는 게 있으면 자신에게 보내라고 했다.

몇 년이 지났을까? 파데레프스키는 이후 폴란드에서 수상이 되어 한 국가를 이끄는 수장이 되었는데 1차 세계대전이라는 큰 불행은 150만 명이 넘는 폴란드인을 굶주림으로 몰아넣었다. 파데레프스키는 각국에 원조를 요청하느라 동분서주하던 중 미국의 식량 구호국에 도움을 요청하기에 이르렀다. 당시 의장은 훗날 미국의 대통령이 된 허버트 후버Herbert Hoover였다. 후버는 파데레프스키의 요청을 받아들여 어려움에 처한 폴란드인들을 신속하게 도왔다.

전쟁이 끝난 후 파데레프스키는 감사의 마음을 전하고 싶어 미국을 향했다. 후버 대통령을 만난 파데레프스키가 폴란드 국민들의 고마운 뜻을 전하자 후버 대통령은 뜻밖의 말을 했다.

"전혀 고마워할 필요 없습니다. 기억 못 하시겠지만 몇 년 전 당신은 두 미국 청년이 대학 교육을 마칠 수 있도록 자선을 베푸셨습니다. 그때 두 청년 중 한 사람이 바로 접니다."

가난한 학생들에 대한 파데레프스키의 작은 자선은 관계를 우연으로 보지 않고 필연으로 본 행동이었고, 그것이 삶에서 큰 빛을 발했던 것이다. 당시 자신이 세운 작은 약속조차 지키기 힘들었던 가난하고 보잘것없었던 그 청년이 미국의 31대 대통령이 될 줄 누가 알았겠는가? 그리고 파데레프스키 자신도 미래에 한 나라의 국운을 짊어지고 갈 수상이 될 줄 누가 예상했겠으며, 자신의 작은 도움을 받은 청년이 굶주린 폴란드 국민들을 돕게 될 줄 상상이나 했겠는가?

어떤 환경이든, 누구와 관계하든 최선을 다하고 최고로 대할 때 그 열매는 반드시 자신에게 돌아온다. 불교의 카르마karma가 가르치는 것처럼 인과법칙은 물리적 세계에만 있는 것이 아니라 운동하는 모든 심리적, 형이상학적 세계에도 작용한다. 보상을 바래서가 아니라 내 인생에 다가오는 모든 것들은 선한 것이든 악한 것이든 내 존재를 위한 필연이라고 생각하고 선으로 품어야 한다. 사람에게는 최고의 정성을 다하고, 상황에게는 최고의 노력을 기울일 때 행복은 내게 가까이 다가와 있다.

시간이란 무엇인가

사회가 만들어놓은 고장 난 시계를 버려라

누구보다 시간을 두려워하고 그것에 쫓기는 세대가 청년이다. 많은 사람들이 확신할 수 없는 미래, 곧 앞으로 다가올 시간에 관해 초조해하고, 지나간 시간을 오늘의 실패로 인해 원망의 대상으로 삼기도 한다. 때로는 현재의 시간을 다가올 미래를 위해 헌신해야 할 소모적인 자산으로 여기기도 한다.

그러나 세상이 위협하는 것처럼 과거가 오늘의 나를 정의하지 않으며, 발생하지 않을지도 모를 미래가 오늘의 나를 구속할 수 없다. 청소년은 꿈을 꾸며 미래를 향해 준비한다. 노년은 지난 세월을 향해 자신의 삶을 돌아보고 위로하며 산다. 그러나 청년은 끓는 피, 터질 듯한 욕망, 그리고 안으로부터의 소리에 응답하는 세대다. 하늘을 품을 만한 삶의 무한 욕구를 분출해야 할 때가 청년의 시기다.

만들어진 성공의 공식에 집착하지 말라. 공식은 공식일 뿐 사람을 행복하게도, 인생을 의미 있게 만들지도 않는다. 공식은 과거의 사건들이 통계적으로 유추된 단기적 가이드일 뿐이지 인생의 깊이와 넓이 그리고 독특성을 담을 목표도, 그 의미를 찾을 나침반도 제공하지 않는다. 진정한 자아를 찾고, 어떠한 풍파에도 흔들리지 않을 굳건한 인생을 살려고 한다면 오늘에 자신을 믿고 맡길 배짱과 용기가 필요하다.

오늘이
중요한 이유

　오늘, 지금이 귀중한 이유는 나 자신이 그것의 주인이라는 사실 때문이다. 과거와 미래는 내 영향력 밖에 있지만 근접한 현재, 지금은 내 생각과 감정, 의지, 결단 그리고 행동에 달려 있다. 인간은 과거로부터 발생한 물리적 인과관계에 영향은 받지만 그것으로 결정되는 존재는 아니다. 과거가 만들어놓은 오늘의 나를 사유하고 결단할 자유가 우리에게 있기 때문이다.

　카뮈Albert Camus는 '미래를 향한 진정한 투자는 현재에 올인하는 것'이라고 했고, 교황 바오로 2세Pope Paul II는 '인생의 미래는 내일이 아니라 오늘 시작하는 것'이라 했다. 실패를 두려워하지 말고 자신이 원하는 것 그리고 해내야만 한다고 생각하는 것에 과감하게 인생을 맡겨라. 과거의 아픈 기억, 쓴 뿌리를 과감히 내치고 오늘의 나를 만들어라. 과거는 내 의식과 기억 안에 주리를 튼 환상 maya일 뿐이고, 미래는 내 호흡이 닿기 전까지는 실존하지 않는 꿈일 뿐이다.

간디Gandhi는 '미래의 변화를 원한다면 오늘 우리 스스로가 먼저 변해야 한다'고 했다. 오늘의 내가 바로 미래의 거울이다. 에머슨Emerson도 하루하루 능력 닿는 만큼 최선을 다하고 살면 되고, 어리석은 실수도 범하겠지만 재빨리 잊어버리라고 권면하면서 '내일은 반드시 새날이 올 것이고, 어제의 아쉬움이 가뿐하고 활기찬 영으로 시작한 오늘을 훼방할 수 없을 것'이라고 용기를 준다.

종교도 '현재'가 요청하는 질문과 도전에 응답하지 못하면 신화에 불과하다. 사람들은 신을 저마다의 이름으로 부르며 섬기고 따른다. 그러나 그 전지전능, 실존의 신이 오늘의 나를 변화시키지 못한다면 허구적 존재가 아니고 무엇인가? 성경을 공부하고 불경을 읽고 베다를 낭송하고 코란을 듣고 음미하는 행위가 우리로하여금 과거를 기억하고 미래를 통찰할 수 있는 능력을 준다 해도, 그것이 현재 내가 누구이고, 어디를 향해 가고 있는지에 대한 지적, 정서적, 영적 해답을 주지 못한다면 자기최면에 불과하다.

많은 사람들이 예수와 붓다, 마호메트를 신성한 인간 또는 신으로 경외하는 이유는 당시 그들을 따르던 추종자들과 그 종교 공동체 때문이 아니라, 그들의 삶과 가르침이 오늘날 나에게 중대한 메시지를 던져주고 있기 때문이다. 다시 말해 살아있는 내가 있기 때문에 신이 존재한다는 말이다. 나라는 존재가 없으면 신 의식도 없을 것이고 신도 없다.

신을 느끼고 발견할 수 있는 시공적 반경은 바로 이곳, 이 시점이다. 과거는 기억이고, 미래는 기대이지만, 현재는 내 의식이 깨어 있고 내 심장이 박동하는 현실이다. 이곳에서, 이 시점의 내가 신을 찾고 응답을 기대하고 기다려야 한다. 그리고 신이 자신의 존재를 자증하고 인간과 소통할 수 있는 곳이 바로 현재다. 현재에 능력과 덕을 드러내지 못하는 신은 죽은 신이거나 망상에 지나지 않는다.

시간이 삼라만상을
아름답게 한다

나는 미국 대학에서 교수로 있으면서 수많은 한국 유학생들을 상담했다. 그 가운데 발견한 공통된 고민은 시간에 관한 초조함이었다. 어느 나라의 청년이든 제때 공부하고 졸업하길 원하고, 제때 취직하길 원하고, 제때 집을 사고 결혼하길 원한다. 나 또한 청년의 시기에 예외는 아니었다.

불안정한 경제 상황 때문인지 오늘날 많은 한국 청년들이 시간에 관해 지나친 강박관념을 가지고 있는 듯하다. 진로를 놓고 고민할 때부터 많은 청년들이 시간의 압박을 토로한다. 마치 기다리던 버스를 놓친 것처럼 '내 나이쯤이면 무언가를 벌써 이루었어야 했다'는 둥, '몇 살까지 무언가를 하지 않으면 실패한 인생'이라는 둥, '이 나이에 왜 이렇게 사느냐'는 둥 다양한 넋두리를 한다.

그들에게 있어 시간은 과업 성취라는 정상을 향해 만들어진 좁고 험난한 등산로인 것처럼 보인다. 그리고 시간은 마치 흉년을 버티기 위해 곳간에 저장된 식량처럼 하루하루 소모될 때마다 그들의 마음과 가슴을 초조하고 답답하게 만드는 부담감으로 느껴진다. 아울러 시간은 언제나 기회와 맞물려 있어 청년들로 하여금 그것이 지나가 버리면 인생의 발전을 놓치게 되지 않을까 하는 고민을 하게 만든다.

그러나 청년들이여, 시간은 경쟁을 위한 도구가 아니다. 시간을 단축하고 활용해서 성공해야 한다는 생각은 인생을 지극히 피상적으로 보는 태도다. 사람들의 인생은 넓은 들판에 피는 꽃과 같다. 꽃마다 피고 지는 시기가 다르고, 그것이 자랑하는 모양이 다르고, 또 향기가 다르다. 인생을 아름답게 만드는 것은 각자의 개성이고, 함께 모여 조화와 선율을 이룰 때 그 빛을 발한다. 같은 시간에 내가 다른 이와 같은 목적을 성취해내지 못했다고 좌절할 필요가 없다는 말이다. 어떤 자리에서건 인생은 피어나고 자라는 생명으로서 아름다움과 향기가 있다. 나는 청년들이 시간을 향해 압박감이 아니라 긍정적인 눈으로 바라봤으면 하는 바람이다.

시간은 삼라만상을 소중하고 가치 있게 만든다. 우리가 보고 느끼고 경험하는 사람들과 자연 그리고 세상은 순간적이다. 다음 순간이 오고 내일이 오고 또 내년이 오지만 지금 이 순간의 느낌은 일회적이다. 이를 압박감이 아니라 가치로 받아들이자. 당신의 미소를 기대하는 사람들의 요청, 당신의 손길을 기다리는 아픈 자의 요청, 당신의 시선을 기다리는 자연의 요청, 당신의 영감을 기다리는 우주의 요청, 모두가 순간순간 독특하고 소중하다. 이러한 관점은 불교의 마음챙김깨달음과 유사하다. '나'의 생존과 성공에만 집중한 시간을 밖으로 열어, 지금껏 보지 못하고 만나지 못하고 듣지 못한 풍경과 대상 그리고 소리를 경험해야 한다. 인생의 맛이 달라진다.

이 세상 모든 것들은 시간 속에서 끊임없이 변하고 움직인다. 탄생하고, 자라고, 사라지고, 죽는다. 이 역동적 우주의 변화는 시간이 연주하는 오케스트라와 같다. 기쁨과 슬픔, 삶과 죽음, 빛과 어둠의 역설들을 통해 인생과 자연의 높낮이가 만들어지고 독특한 이야기들이 쏟아져 나온다. 쉴 새 없이 변하는 우주 속에 마음을 정착할 곳도, 집착할 대상도, 이유도 없다. 순간을 음미하고, 순간에 열정을 쏟고, 순간을 넉넉히 기뻐하고 누릴 수 있기를 소망해야 한다.

더불어 이러한 시간의 흐름 가운데 발생하는 변화는 자신도 모르는 사이에 일상의 많은 문제와 고통을 해결하기도 한다. 세네

카Seneca는 이성이 해결하지 못하는 문제를 시간이 해결한다고 했다. 이는 시간 자체의 능력, 곧 아무것도 하지 않아도 모든 문제가 저절로 해결된다는 말은 아닐 터이다. 시간의 흐름 속에 발생하는 보이고 보이지 않는 변화가 환경을 바꾸고, 조건을 바꾸고, 나 자신의 관점과 태도 그리고 능력을 바꾸기도 한다. 어제 직면했던 문제가 오늘 없어지기도 하고, 어제 없었던 식견과 의지가 오늘 생길 수도 있다. 또 어제 발견하지 못했던 도움과 기회를 오늘 갑자기 만날 수도 있다는 말이다. 그래서 인생은 흥미롭다.

시간이 있기에 아름다운 추억과 가슴 설레는 희망이 있을 수 있다. 지나간 시간을 낭비된 기억으로 보는 시각은 우리로 하여금 시간을 경제적 자산으로만 간주하게 하고 무한경쟁, 무한성장, 무한성공을 신줏단지처럼 모시게 만든 자본주의의 저급한 인생 관점이고 습관이다. 우리는 과거를 통해 목표 달성과 상관없이 자신만의 독특한 인생의 이야기를 마주해야 한다. 왜냐하면 인생은 성과 획득을 추구하는 기업의 단기 프로젝트가 아니라 호흡이 멎는 순간까지 각양각색의 모습으로 다른 인생들과 만나고 또 그렇게 세상과 관계해 만들어나가는 장편소설이기 때문이다.

마찬가지로 도래하지 않은 시간, 곧 미래가 있기에 오늘의 문제와 고통을 인내할 수 있다. 아무것도 보장되지 않은 미래는 위협이 아니고 희망이다. 왜냐하면 열정과 패기로 사는 청년의 가슴에 품은 꿈은 미래에 있을 희망행복의 확실한 증표이기 때문이다.

꿈은 미래를 위한 것이 아니라
오늘을 위한 것이다

　삶이 빠듯하다 보니 사회는 청년들로 하여금 꿈을 포기하길 강요한다. 치열한 경쟁사회에 살고 있어 꿈을 꾸거나 달성하기 힘들 뿐 아니라, 지금의 현실에서는 무엇인가를 성취한다 해도 그것의 현금 가치를 쉽게 기대할 수 없기 때문이다.

　사무엘 울만Samuel Ullman은 우리를 늙게 하는 것은 나이가 아니라 버려진 꿈들이라고 했다. 그는 또 나이는 피부에 주름을 주지만, 꿈을 포기하는 것은 영혼에 주름을 준다고 했다. 진정으로 꿈은 꿈에 불과한 것인가? 진정 꿈은 소수의 능력자들만을 위한 것인가? 나는 청년들이 꿈을 좇아야 할 네 가지 중대한 이유가 있다고 생각한다. 그 이유를 이야기하기 전에 먼저 꿈의 의미를 명확히 해야 할 것 같다.

　내가 청년들에게 요청하는 꿈은 이상이나 환상 또는 몽상이 아니다. 꿈은 이성으로 납득이 되고, 또 그것에 의해 안내되는, 내 안에서 자연스럽게 우러나오는 감정적이고 영적인 요구다. 이에 반해 이상은 타자나 사회가 나를 향해 기대하는 것들이다. 이상은 사회가 최고의 것으로 인정했을지는 모르나 나의 열정을 담고 있지 않다. 환상과 몽상은 자신의 능력 밖의 것을 갖고 싶어 하거나 해서는 안 되는 일을 하고 싶을 때 일어난다.

　　그러나 꿈은 내 가슴을 뜨겁게 할 뿐 아니라 하루하루 살아
가야 할 이유를 주는 동력이다. 꿈은 우리가 사력을 다해 달려가
성취해야 할 미래라는 섬에 숨겨진 보물이 아니라, 현재의 내 삶에
생기를 불어넣고, 근육을 팽창시키고, 심장을 뛰게 하는 피요 영혼
이다.

　　청년이 꿈을 좇아야 하는 이유는 그것이 후회 없는 삶을 살
기 위한 가장 근원적인 결단이기 때문이다. 꿈은 안으로부터 우러
나온다. 남들이 좋다고 해서, 누군가 하라고 해서 하는 일이 아니라
내가 좋아서 하는 것이 꿈을 좇는 일이다. 내가 내 마음을 좇아서
하는 일이니 잘되건 못 되건 후회할 일이 없다. 그리고 내가 좋아하
는 일이기에 과정 자체가 즐거울 수밖에 없다. 이는 꿈을 '성취하기
위해' 뛰는 삶이 아니라 꿈을 내 가슴 안에 '담고 누리는' 삶이다.
따라서 꿈을 가진 자는 오늘이 행복할 수밖에 없다. 꿈으로 인해,
내 의지와 행동이 내 마음과 욕구 그리고 생각에 부합되었으니, 투
명한 삶을 살수 있고, 또 그것이 우리 인생을 도덕적으로도 만드는
것이다.

　　한편 꿈은 사람에게 용기와 독립심을 심어주고 이로 인해
인생을 과감하게 살도록 돕는다. 그래서 꿈을 품고, 꿈을 향해 달려
가는 인생에게는 도전과 위험이 필연적이다. 왜냐하면 꿈은 아직

이루어지지 않은 것에 관한 소망이기 때문에 어떤 것도 보장된 것이 없다. 유일하게 보장된 것이 있다면 꿈을 품은 자의 마음 중심에 자리 잡은 확신뿐이다.

꿈을 평가절하고 현실을 바라보라고 권면하는 사람들의 눈에는 꿈의 가치가 보이지 않는다. 꿈의 가치는 꿈을 가진 자만이 볼 수 있는 특권이다. 꿈이 가지는 가치에는 한계가 없다. 최선을 다하는 만큼, 능력을 높이는 만큼 꿈은 커질 수 있다. 그 꿈이 성취될 수 있건 없건 그것을 가슴에 품고 열심을 다해 사는 자에게는 삶의 확실한 동력이 된다.

그리고 진정한 꿈은 동나지 않을 내 안의 열정이 시각화된 것이기 때문에 외부에서 발생하는 실패와 좌절로 인해 쉽게 사라지지 않는다. 아인슈타인은 논리는 사람들로 하여금 A지점에서 B지점에 정확하게 도달하게 하지만 꿈과 상상력은 어디든 갈 수 있게 한다고 했다.

한편, 꿈은 언제나 도전과 실패라는 그림자를 달고 다닌다. 실패를 경험하지 않고 꿈을 좇는다는 것은 물을 묻히지 않고 수영하겠다는 것과 다를 바 없다. 그러나 꿈을 품고 좇다가 만난 실패는 인생을 강하게 만든다. 구약 성경의 욥은 '내가 가는 길을 오직 그가 아시니 그가 나를 단련하신 후에는 내가 정금같이 나오리라욥기 23장 10절'라고 했다. 확신을 가지고 사는 자에게 실패는 인생을 연단하는 도구가 된다는 말이다. 꿈을 꾸고 그것을 확신하고 정진하는 사람에게 실패는 장애가 아니라 더 높은 곳을 뛰어오르게 하는 디딤돌이다.

영국의 낭만 시인 존 키츠John Keats는 세상과 삶에 던져진 수많은 난제들을 풀 수 있는 사람들은, 사고의 지평이 확실한 현실에만 근간을 두는 회의주의자들이나 비판가들이 아니라 이전에 존재하지 않았던 또는 결코 일어날 수 없을 것 같은 일에 대한 꿈을 꾸는 자들이라고 말했다.

청년들이여, 이제 생존과 성공이라는 동물적이고 자연적인 욕구에 파묻혔던 꿈들을 일깨울 때다. 언제까지나 꿈만 좇을 수 없다는 기성세대의 충고와 사회적 압박은 꿈과 성공을 동일하게 생각하는 데서 나오는 오류다. 꿈을 위해 살지live for dream 말고, 꿈을 꾸고 살아야 한다live the dream.

무엇이 인간을 특별하게 하는가

인간의 초월적 욕구

초월transcendence을 꿈꾸고 표현하려는 우리의 욕구는 영적인 욕구다. 영적 욕구란 우리 몸을 이루는 물리적 실체와 현상 너머 또는 이면에 있는 힘과 성향을 가리킨다. 만약 우리의 인생이 단순히 물리적인 것들의 인과관계의 산물이라면 그것은 결코 흥미롭지도 심오하지도 않다. 인과성은 인간만이 가지는 초의식적인 능력을 조롱하는 법칙일 뿐이다.

물론 인간은 자신의 존재를 구성하는 물리적 요인에 영향을 받고 때로는 구속받는 존재지만, 동물과 달리 그것에 필연적으로 또는 영구적으로 복종하지는 않는다. 그런 면에서 우리 인간은 육체가 요청하는 것 이상을 보고 느끼고 꿈꾸며 행동할 수 있는 초물리적, 초자연적 존재다. 내가 어떻게, 어떤 모습으로, 어떤 환경에 태어났느냐는 것은 내 존재의 물리적 기원에 대한 간략한 설명을 제공할 뿐 살아서 생각하고 의지하는 내 존재의 실체를 정의하지도 이끌지도 않는다. 내 존재와 삶을 규정하고 이끄는 것은 내 육체성 너머에 있는 궁극적 의식과 의지ultimate consciousness and will다.

궁극적 의식과 의지는 육체의 본능과 욕구의 인과적 힘에 구성되고 움직이는 동물적 요소가 아니다. 억눌려 있는 기억들로 채워진 잠재의식으로 인해 생리적 상태와 의지 그리고 행동이 통제되는 프로이트적 존재와는 달리, 궁극적 의식과 의지를 소유한 초월의 인간은 육체의 욕구와 필요를 넘어 자존한 자아를 느끼고 누리고 사는 인간이다. 다시 말해 참 인간은 자신의 자연성이 요구하는 것보다 더 높은 것을 느끼고, 보고, 바라고, 추구하는 존재라는 말이다. 잘 먹고, 잘 싸고, 잘 자는 동물적 욕구가 초월적 높이와 미지의 깊이를 가진 인생을 설명할 길은 없다.

인간의 초월성
: 가치를 창조하는 존재

인과성이 지배하는 육체적 삶을 초월하는 유전자 곧 초월성은 인간들로 하여금 가치를 창조하는 존재로 만들었다. 인과적인 물리 법칙만이 지배하는 세상에서는 좋고 나쁘고, 옳고 그르고, 선과 악이라는 가치 개념이 존재할 수 없다. 인과적 자연 속에서는 나쁜 것도 좋은 것도 아름다운 것도 못생긴 것도 존재할 수 없다. 그냥 영원무궁의 원인과 결과의 사이클만 존재할 뿐이다. 봄이 여름을, 여름이 가을을, 가을이 겨울을 비난할 수 없고, 애벌레가 새를, 새가

뱀을, 뱀이 독수리를 비난할 수 없는 것이 자연의 이치 아닌가?

그러나 인간은 자연과 세상을 단순히 인과법칙이 지배하는 생존의 현장으로만 보지 않는다. 따사로운 봄 햇볕에 연주되는 들꽃들의 향연에 눈길과 호흡을 멈추고, 그것에 의미를 던지고 또 그렇게 느끼며 즐거워할 수 있는 존재가 인간이다. 죽음의 문턱에 섰을 때도 소크라테스나 노자처럼 웃을 수 있고, 그것에 가치와 의미 그리고 철학을 논할 수 있는 존재가 인간이다.

가치와 의미는 사물에 내재해 있는 것이 아니라 우주의 근원인 신적 존재가, 그리고 그 신성을 공유한 인간이 창조하고 부여하는 것이다. 삼라만상을 내 생존의 현장으로만 또는 영원한 인과법칙의 사이클로만 보는 천박한 동물적인 눈에는 '왜'라는 질문을 던질 수 없고, 자유의지를 가진 '나'라는 존재도 보이지 않는다. 이러한 눈에는 사물을 접하고 느끼고 반응할 때 사고를 요하지 않는다. 본능만 있을 뿐이다.

그러나 우리 인간은 데카르트가 말한 것처럼 생각하는 존재다. 생각하는 존재는 삼라만상을 음미하고 평가할 수 있는 존재라는 뜻이다. 그리고 인간은 자연에게 특별한 의미를 자의적으로 부여할 수 있는 능력을 가지고 있다. 아울러 의미 창조자가 인간 스스로이기 때문에 자연에 구속받지 않는다. 따라서 육체적 장애나 사회·경제적 결핍이 인생을 향한 개인의 가치와 의미에 근본적 영향은 줄 수 없다는 말이다.

세상을 느끼고 이해하고 움직이는 주체는 존재하고 생각하는 '나' 자신이고, 인생이라는 내러티브narrative를 집필하는 주체도 '나'다. 이야기의 집필자는 그 이야기를 만드는 존재인 동시에 그것을 끝낼 수도 있는 특권을 가진 존재다. 내 인생의 육체적 조건을 제한하는 외부적 요인은 있을 수 있으나 내가 쓰고 있는 가치와 의미의 내러티브 자체는 흔들 수 없다. 왜냐하면 내가 어떤 인간이고, 어떤 인생을 살아갈 것인가에 대한 질문은 타인들이 정의하고 평가할 수 있는 물리적 실체에 관한 질문이 아니기 때문이다.

이러한 보고 만질 수 있는 실체 이상의 궁극적 그 무엇에 관해 궁금해하고 갈망하는 인간의 초월성영성이 과학과 예술과 종교를 가능하게 만들었다. 자연 현상을 탐구하는 과학은 우리가 육체로 경험하는 세계에 관해 더욱 명확한 지식과 원리를 얻기 위한 노력으로서 이 또한 겉으로만 보이는 물리 현상 너머에 있는 궁극적 진리를 찾고자 하는 우리의 초월적 욕구에 의해 비롯되었다.

지구가 평평하고, 수평선 끝에는 낭떠러지가 있을 것이라는 중세인들의 추측은 나름 자신들이 경험하는 자연적 증거를 통해 얻은 믿음이었다. 그러나 현존한 믿음과 지식에 자족하지 않고 그것을 뛰어넘으려는 인간의 욕구는 더 큰 의문을 가지고 탐구하고 도전하게 만들었다. 이는 더 높은 것, 더 궁극적인 것을 찾으려고 하는 인간만의 영적 욕구에 기인한 것이다. 이로 인해 우리는 지구가 둥글다는 새로운 믿음과 지식을 얻게 되었다. 고대 그리스와 중세 과학이 뉴튼과 아인슈타인 그리고 현대 양자물리학 이론에 의해 정리, 대체, 진화한 것도 궁극적 진리를 향한 인간의 끊임없는 호기심 때문이었다.

예술 활동도 과학과 마찬가지로 인간이 가진 초월성에 대한 또 다른 표출로 이해할 수 있다. 무엇이 아름다운 것이고 추한 것인가? 자연의 인과법칙 자체는 아름다움의 정의와 기준을 제시하지 못한다. 인간이라는 종만이 던져진 자연에 가치와 의미를 부여할 수 있다. 인간만이 던져진 자연에 웃고 울어야 할 이유를 찾는다. 인간만이 자연을 생존 현장 이상으로 볼 수 있는 유미적esthetic 눈을 가지고 있다. 사물과 세상 그리고 자연에 대해 뜻을 새기고, 가치와 아름다움을 사유하고, 그것을 또 다른 물리적 형태로 표현하고 재현해내는 것이 예술인데, 이는 오직 인간만이 할 수 있는 능력이다.

이처럼 인간의 삶이 다른 존재와 마찬가지로 물리적이고 자연적인 실체이지만 자신의 삶과 환경을 객체화해서 사유하고 재현하는 행위는 인간의 초월적 본성에 기인한다. 서양 미술사가 대표적인 예라고 할 수 있다. 고대에는 사물과 동물 그리고 자연을 있는 그대로 정확하게 표현하는 것이 최고의 아름다움이었다면, 중세 미술은 인물과 종교적 메시지를 아름답게 묘사하는 것으로 진화했고, 19세기에는 인상파처럼 주관적인 눈으로 재해석한 미술이 환영받더니, 급기야 입체미술Cubism과 해체미술Deconstructionist Arts처럼 전통적 미 관념을 뒤집어엎는 형태로 진화했다. 이처럼 미에 대한 기준을 만들고 또 그 기준을 계속해서 뛰어넘고자 하는 욕구는 인간이 자연적 존재가 아니라 초월적 존재임을 간접적으로 드러내는 증거다.

초월적 욕구가 만들어낸
인생의 네 가지 질문

　　인간의 초월적 욕구가 표현되는 또 다른 행위는 종교다. 인생의 기원과 과정 그리고 결말에 대해 기계적 또는 단편적 지식만 던지는 물리적 설명은 우리의 지적 호기심을 충족시키지 못한다. 인생에 대해 물리적 설명이나 답변 이상을 구하는 호기심은 네 가지 질문으로 구체화될 수 있는데 이에 대해 종교는 효과적으로 응답한다.

　　첫 번째 질문은 정체성에 관한 질문이다. 책의 앞부분에서 이미 다루었듯이 '나는 누구인가?'라는 질문은 초월적 질문이다. 이 질문에 어느 누구도 '나는 57%는 물로 구성되어 있고, 다량의 지방과 단백질, 탄수화물 그리고 유전자를 가진 생명체다'라고 답하지 않는다. 인간을 외부 자극에 대해 더욱 진보된 반응 능력을 가진 고깃덩어리로만 이해하기에는 우리의 사유 지평이나 깊이가 너무 심오하다. 그리스도교는 우리를 하나님또는 하느님의 자녀라고 부르고, 이슬람은 알라의 자녀로, 힌두교는 브라만으로, 불교는 보살로, 사이언톨로지Sceintology는 티탄Thetan으로 칭하며 불멸의 가치를 부여한다.

　　두 번째는 인생과 세상에 대한 궁극적 의미와 목적을 깨닫고 싶어 하는 질문이다. 자연과학이 우주와 생명이 어떻게 탄생하게 되었는지는 설명하지만 '왜 있어야 하는지'에 대해서는 답변하지 못한다. 그러나 인간은 바로 그것을 궁금해한다. 내가 왜 이 시점에서, 이런 환경에서 그리고 이런 모습으로 세상에 던져졌는지에 관한 질문은 인생의 물리적 구성을 묻는 생물학적 질문 이상이다. 종교는 인생의 궁극적 목적이나 의미를 신을 영화롭게 하는 신성한 과업으로, 또는 영겁의 카르마karma의 결과물이자 해탈nirvana이나 해방moksha을 위한 영적 여정으로 설명하기도 한다.

세 번째는 궁극적 실체에 관한 철학적 질문이다. 인간은 감각과 지각에 의해 보고 느끼는 현실 너머에 있는 세상을 꿈꾸고 궁금해한다. 이 질문은 과학적 탐구로 발전할 수도 있고, 종교적 수행으로 추구될 수도 있다. 보이는 세상이 보이는 그대로인지, 죽음 너머에 또 다른 세상이 존재하는지, 환생이 사실인지, 영혼이 있는지 같은 질문들이 바로 그것이다. 자연과학은 보이고 만져지고 증명될 수 있는 객관적 현실만이 참 현실이라고 믿지만, 종교는 궁극적 현실은 감각으로부터 숨겨져 있는 실체라고 답한다.

마지막으로 네 번째 질문은 함께 사는 이웃들에 관한 것이다. 내가 인생에서 만나는 사람들은 누구인가? 그들이 내 인생과 어떤 관계를 가지는가? 그 만남은 우연인가 필연인가? 그들이 내 인생에 어떤 가치를 지니는가?

이 모든 질문들이 자연성에 만족하지 않는 인간의 초월적 욕구로부터 나온 것이다. 초월적 욕구를 느끼고, 이해하고, 그것에 대해 정당하고 효과적인 방식으로 반응할 수 있어야 완전체로서의 인간으로 살아나갈 수 있다.

행복이란 무엇인가

행복은 내 안의 일체감으로부터 온다

누구나 실수를 하고 실패와 불행을 경험한다. 우리는 잠시 잠깐 행복을 경험하지만 그것이 영원하지 않음을 안다. 반면, 불행은 행복의 속도보다 빠르게 왔다가 오래 머문다.

행복은 잡을 수 있거나 계량할 수 있는 물리적 실체가 아니라 주관적으로 존재하는 내 의식의 상태다. 내 의식이 내 것이 아닌 것으로 채워져 있을 때 행복은 멀어진다. 내 의식이 내 의지가 아닌 것으로 통제될 때 행복은 멀어진다. 내 의식 속에 지성과 감성, 도덕성 그리고 영성 같은 여러 가지 에너지들이 서로 괴리되고 분열할 때 행복은 멀어진다.

행복은 내 안의 일체감으로부터 온다. 내가 생각하는 것, 내가 느끼는 것, 내가 원하는 것이 서로 일치할 때 행복이 찾아온다. 내가 싫어하는 것을 해야 할 때 실패가 찾아오고, 머리 또는 마음이 원치 않는 생각으로 넘쳐날 때 근심이 일고, 의지가 없는 일을 행할 때 게을러지고, 확신하지 않는 일을 행할 때 소심하고 무능해진다.

행복과 멋진 인생을 좇는 청년들이여, 자신에게 솔직해져라. 왜냐하면 행복은 자신 스스로가 분열되지 않을 때 내면에서 일어나기 때문이다. 행복은 밖에서 찾아야 할 목표가 아니라 내 안에서 불러내야 할 에너지이기 때문이다.

내 안의 일체감을 이루는 것이 행복이라는 말은, 내가 어떤 존재인지를 분명히 알고 사는 것을 뜻한다. 아리스토텔레스Aristotle는 인간의 행복 곧 유다이모니아eudaimonia를 인간이 목적을 깨치고 그것을 향해 사는 것이라고 했다. 동물이든 식물이든 모든 존재는 그것이 지향하는 존재론적 방향과 그것을 향해 움직이는 기본적인 욕구와 능력을 가지고 있다. 캘리포니아의 세쿼이아sequoia 나무는 한 톨의 쌀알처럼 작은 씨앗으로 출발하지만, 그것이 내재한 존재론적 방향성을 향해 모든 잠재성을 일으키게 되면 30층 건물 높이의 거대한 나무로 성장한다. 완전히 성숙된 나무를 보며 우리는 훌륭하다고 감탄한다.

아리스토텔레스는 한 존재가 그 안에 내재된 잠재성을 온전히 이루었을 때 '훌륭하다'고 하고, 그것이 바로 행복을 이루는 뿌리라고 보았다. 훌륭하다는 말은 그리스어로 '아레테arête'인데, 이는 한 존재가 자신 안의 모든 가능성을 온전하게 드러내는 것을 말한다.

훌륭한 목수는 원하는 구조물을 만들기 위해 나무를 어떻게 다듬어야 하는지에 관한 정확한 지식을 소유하고 또 그 지식을 완벽하게 실현시킬 수 있는 솜씨를 가지고 있는 사람이다. 마찬가지로 훌륭한 조련사도 말을 어떻게 돌보고 길들이고 훈련하는지에 관한 정확한 지식과 기술을 가진 사람이다. 그것이 기술이든 지식이든 아니면 성품이든, 한 존재 안에 내재된 잠재성을 최고의 수준까지 끌어낼 때 비로소 훌륭하다고 표현하며 유다이모니아eudaimonia를 이루었다는 말을 듣는다.

그래서 행복을 위한 아레테arête를 성취하기 위해서 사람은 자신의 존재에 관해 심각하게 고민해봐야 한다. 인간이라는 존재가 가진 잠재성과 삶의 궁극적 목표를 이해하지 않고는 아레테를 실현할 수 없고 따라서 행복을 맛볼 수 없기 때문이다.

영적 필요가 채워질 때
진정 행복하다

아리스토텔레스는 행복의 요소로 세 가지를 제시한다. 육체적 쾌락과 정치적 힘, 철학적 삶이 그것이다. 동물에게는 육체적 안락과 쾌락 그리고 생존이 자신들이 가질 수 있는 최고의 '아레테'요 '유다이모니아'일 것이다. 그러나 인간은 육체적 만족감만으로 행복해질 수 없다. 왜냐하면 물리적 존재 그 이상이기 때문이다. 마찬가지로 정치적 권력이나 사회적 명성이나 지위 또한 행복을 음미하게 만드는 요소이기는 하나 그것을 지속시킬 수 있는 핵심적 요소는 아니다. 인간뿐 아니라 다른 고등 동물에서도 사회적 욕구는 발견되기 때문이다. 그러나 인간은 사회적 존재 이상이다.

아리스토텔레스는 인간은 물리적 존재이면서 이성적 존재라고 주장했다. 그리하여 인간이 행복을 누리기 위해서는 인간이 가진 육체성과 이성이라는 두 잠재성을 온전히 실현해야 한다고 주장했다. 특별히 그는 이성이 인간이 가진 무한의 육체적 욕구를 사회적 한계 내에서 적절히 조절하고 조율할 수 있는 중용의 기술 the Golden Mean을 가져다준다고 보았다. 이성을 통해 육체적 욕구를 적절히 관리하고 또 그렇게 실현하면 '훌륭한 삶arête', '행복한 삶eudaimonia'을 살 수 있다고 믿었다.

그러나 나는 인간 존재를 이루는 육체성과 사회성, 이성성 뒤편에 있는 영성의 필요가 온전히 채워질 때 진정한 행복이 온다고 믿는다. 인간은 내면에서 분출되는 욕구에 온전히 응답할 때 행복감을 느낀다. 배고플 때 음식을 먹어 식욕에 응답했을 때 포만감을 느끼고, 사회적 억압 속에서 권력욕에 응답할 때 안도감을 느끼고, 무지를 깨쳤을 때 지적 쾌감을 느낀다. 그러나 이러한 쾌감들이 인간에게 깊이 있고 지속 가능한 행복감을 가져다주지는 않는다.

위대한 경제력, 정치력, 지적 능력이 궁극적이고 지속 가능한 행복을 가져다주지 않는다는 사실을 우리는 역사를 통해 분명히 보아왔다. 영국의 철강 사업가인 하워드 워딩턴Howard

Worthington, 호텔 사업가 피터 스메들리Peter Smedley, 미국에서 투자가로 명성을 날렸던 엘리 블랙Eli M. Black, 독일의 억만장자 아돌프 머클Adolf Merkle, 모두가 부의 썰물을 이기지 못해 자살로 인생을 마감했다. 부와 권력과 날카로운 이성은 인간의 감각적 욕구를 일시적으로 채울 수는 있으나 귀를 열면 끊임없이 인간 내면에서 우러나오는 실존적 물음과 불안에 응답할 수 있는 요소는 아니다.

　　인생 그리고 행복이 그냥 우발적인 자연·물리적 현상이라고 쉽게 답하는 유물론자의 주장은 간단명료한 설명이기는 하지만, 인간의 철학적 호기심을 채우고 삶의 도덕적 의미까지 설명하기에는 너무 빈약하다. 사람의 인생이 비바람, 폭풍, 지진처럼 누군가 또는 무엇인가에 의해 의도되지 않은 우발적 자연현상의 연속이라면 우리는 왜, 누구를 위해, 무엇을 위해 인생의 목표를 세워야 하는가? 우리 인생이 그냥 자연현상의 일부분이라면 왜 동물처럼 각자의 욕구 충족과 생존에만 집중하지 않고 타아를 고려하고 사회를 돌보아야 하는가? 그 이타성의 논리적 근거와 당위성은 무엇인가?

　　자연적, 물리적 욕구를 충족시켰는데도 행복감을 느낄 수 없는 이유는 우리 안에 비물리적 욕구가 존재한다는 말이다. 나는 이를 삶의 '시작과 끝에 대한 영적 호기심'이라고 정의하고 싶다. 내가 왜 태어났고, 무엇을 위해 살고, 어디로 가느냐라는 실존적인 질문 또는 거대질문은 세상 어느 누구도 답해주지 않는다. 가족이나 사회가 또는 국가가 대답해줄 수 있는 질문이 아니다. 스스로 찾아야 할 고독한 질문이다. 이는 배고픔을 채워야 하는 육체적 요구와 아울러 자신의 태생의 근본과 지향점을 찾는 영적 요청이다. 자신의 삶의 근원을 찾고 목적을 찾으려는 일면이 바로 다른 자연 존재들과 인간을 구분하는 특징이다.

행복을 얻기 위해서는 자연적, 물리적 요구와 아울러 이러한 영적 요구에 응답해야 한다. 그래야 비로소 완전체로서의 인생을 살아나갈 수 있다. 아리스토텔레스가 육체적, 지적 요구에 대한 응답을 행복의 길로 보았다면, 나는 이에 덧붙여 존재의 근원과 소명을 찾는 '영적 요구'에 대한 자존적 탐구와 응답이 행복의 첫 걸음이자 종착점이라고 믿는다. 이것이 바로 존재의 완전체에서 오는 진정한 행복이다.

가짜 인생 vs 진짜 인생
: 소명을 이루는 삶

앞에서 나는 진정한 행복은 각 존재가 가지고 있는 심연의 잠재성을 온전하게 펼쳐질 때 가능하다고 말했다. 마치 과일나무가 씨앗으로부터 시작해 비옥한 토양과 넉넉한 계절을 만나 자연이 가져다주는 영양분으로 풍성하게 자라 아름답고 맛있는 열매를 맺는 것처럼, 인간이라는 종도 각 존재, 인생들이 내재하고 공유하고 있는 특별한 가치를 극도의 수준에서 펼쳐내는 것이 행복이라고 생각한다. 나는 이렇게 구현되어야 할 잠재적, 내재적 가치를 '인간의 소명Calling of Humanity'이라고 부르고 싶다. 진짜 인생을 산다는 것은 바로 자신의 소명을 이루는 것이다.

반면 가짜 인생은 성공 지향적이고, 목적 지향적이며, 과업 지향적이다. 남이 볼 때 멋지다고 생각할 만한 무엇을 이루는 것이 성공이고 그것이 인생의 참 맛이라고 생각한다. 가짜 인생은 자신을 위해 사는 것이 아니라 남을 향해 있고, 남을 위해 사는 인생이다. 이는 인생의 가치가 남의 시선이나 기호에 쏠려 있기 때문에 원하는 것을 성취한다 해도 지속 가능한 만족감을 얻을 수 없다. 언제나 타인의 평가나 승인을 초조하게 기다려야 하기 때문이다.

이러한 과업과 목적, 성공 지향의 인생론은 특별히 아시아 문화에서 많이 발견된다. 여러 가지 이유들이 있겠지만 나는 특별히 두 가지의 종교적 가르침들이 한몫을 했다고 생각한다. 하나는 남아시아 대부분의 종교적 가르침에 편재해 있는 다르마Dharma 철학이다.

기원전 2000년, 모헨조다로Mohenjo-Daro나 하라파Harrapa 문명이 시작될 시기부터 인도인들은 각자가 쌓아 놓은 전생의 카르마Karma로 인해 여러 층의 영적 지위를 갖게 되었다고 믿었다. 세월이 변해 이 지위가 카스트 제도라는 사회적 계급으로 변질되기 시작했고, 사람들은 각자가 가진 사회적 지위를 영적 지위와 동일시하기 시작했다. 어떤 사람은 사회적으로 최고의 지위인 승려가 되었고, 어떤 사람은 공동체의 안전을 책임지는 무사가 되었다. 또 어떤 사람은 농민 계급이, 또 다른 이들은 노예 계급이, 그리고 어떤 이는 계급 자체도 부여받지 못하는 달릿Dalit이라고 부르는 불가촉천민the Untouchable이 되기도 했다.

인도인들은 비록 이 제도가 경제적 정치적 관점에서 볼 때는 불평등한 구조이지만 영적으로는 차별 제도가 아니라고 믿었다. 어차피 사람은 무한 영겁의 인생을 살아야 하는 윤회를 경험하기 때문에 한 인생에서의 낮은 사회적 계급은 해탈의 경지를 향해 달려가는 기나긴 영적 여정에 있어 아주 작고 일시적인 불편함일 뿐이라고 스스로 위로했다.

이 다르마 철학은 사람들로 하여금 강력한 계급관념과 영적 진화 관념을 가지게 만들었다. 사람들이 해탈, 곧 힌두 철학으로 말하면 목샤Moksha:해방를 쟁취하기 위해서는 각자가 처한 사회적, 영적 환경에서 자신의 다르마dharma:의무를 성실하게 수행해나가야 한다고 믿었다. 승려 지위인 브라만은 종교적 의무와 과업을, 무사 계급인 크샤트리아는 전쟁을, 바이샤는 농사일을, 수드라는 브라만 계급을 위한 봉사를, 마지막으로 불가촉천민인 달릿은 사회에서 가장 경시되는 과업을 수행했다. 힌두교도들은 비록 이승에서의 계급 상승은 불가능하지만 다음 생에서 더 나은 영적, 사회적 지위를 얻기 위해 오늘 맡은 과업에 충성할 수밖에 없었다. 따라서 전통적 힌두 사상과 문화는 사람들로 하여금 각자가 가지고 있는 의무와 과업dharma이 인생의 목표 또는 인생 자체이며, 그것에 순응하고 성실히 행하는 것이 행복이라고 믿게 만들었다.

아울러 힌두 문화는 아슈라마Ashrama라는 독특한 철학을 가지고 있는데, 이것은 인생에는 네 가지 시기 또는 단계가 있다는 믿음이다. 첫 단계는 학생의 단계Brahmacharya로 약 24살까지는 배움에 집중해야 한다는 가르침이다. 이 시기의 인간에게는 공부가 다르마이고 스승인 구루guru밑에서 철저하게 배우고 훈련받아야 한다.

두 번째 단계는 가족을 일구고 돌보는 시기Grihastha로, 직장을 구해 돈을 벌고 결혼하고 세상의 의무를 다해야 한다. 세 번째 단계는 은퇴해서 일상의 일을 내려놓고 영적인 일에 몰두하는 시기Vanaprastha이다. 인생의 마지막 단계는 구도자의 삶Sannyasa인데, 자신이 가진 모든 소유를 버리고 스스로 득도하기 위해 마지막 영적 여정을 떠나는 시기이다.

이 두 가지 힌두 철학다르마와 아슈라마은 인도 사회의 전통적 계급 체제를 공고하게 하고 사회적 안정을 이루게 했지만, 의도했든 하지 않았든 사람들의 인생을 과업과 의무의 노예로 만들어버렸다. 인생을 살면서 '내가 무엇을 원하느냐' 보다 '내가 무엇을 해야 하느냐'의 당위성에 골몰하게 만들었던 것이다. 전통적 힌두 사상을 가진 인간은 성공적인 삶을 살기 위해 자신의 내면이 말하는 소리를 듣기보다는 사회와 전통으로부터 받은 과업에 집중해야 했다는 뜻이다.

힌두의 대서사시의 하나인 「바가바드기타The Bhagavad Gita」에서 신인 크리슈나Krishna가 전장에서 영적 고민을 하고 있던 장수 아리쥬나Arijuna에게 훈계한 것처럼, 힌두인들의 마음속에 인생 성공이란 각자가 주어진 역할을 묵묵히 성실이 완수하는 것이었다.

인생을 과업과 의무 또는 목적 중심으로 이해하게 하는 생각은 동아시아의 유교적 사상에서도 비슷하게 발견된다. 힌두교 최고의 목표가 목샤Moksha 곧 영적 해방이라면, 유교 철학의 궁극적 목표는 군자君子가 되는 것이다. 힌두 철학에서 인생의 성공이 각자의 영적 의무를 다하는 것이라면, 유교에서는 사람이 예禮를 깨치고 표현해서 사람과 세상 그리고 우주를 인仁으로 품는 것이다.

예는 사람이 사람과 관계할 때 사용해야 할 마땅한 의식이고 형식이며 절차이자 규범이다. 힌두 사상에서 사람들이 세대와 계급별로 이루어 내야 할 과업들을 가지고 있다고 보는 것처럼, 유교 사상에서도 사람이 마땅히 해야 할 바, 가져야 할 바, 이루어야 할 바가 존재하고, 그것들을 이루는 것이 성공한 인생이라는 가르침이 있다. 따라서 힌두교와 유교 모두 성공한 인생에 관한 분명한 철학을 제시하였고, 그 철학이 우리의 '문화적 유전자Cultural DNA'가 되어버렸다.

그러나 진짜 인생은 종교 또는 사회적 관습이나 체제가 형성해놓은 의무를 다하거나 그 가치들을 소유하는 것이 아니라 인간이 인간이라는 종으로서 가지는 최고의 가치를 깨닫고 살아가는 것이다. 인간이 소유한 최고의 가치를 살아나가는 삶을 나는 '소명을 깨치고 사는 삶'이라고 표현하고 싶다.

인간에게 있어 세계적, 우주적 가치는
사랑과 탈경계적 정의다

글자 그대로 하면 소명召命은 임금이 신하에게 내리는 신성한 명령이다. 내가 소명이라는 용어를 쓰는 이유는 인간이 진짜 인생을 살기 위해 자각해야 하는 내적 요청이 진실로 높고 숭고하고 심오하고 궁극적인 곳으로부터 우러나온다고 믿기 때문이다. 이 요청은 사회적 요청이나 시시각각 물리적 주변 환경의 변화로 인해 요동하는 심리적 요청이 아니라 한 생명으로서 인간 존재가 필연적으로 꽃피워야 할 세계적, 우주적 가치들에 관한 요청이다.

나는 굳이 성공한 인생이란 것이 존재한다면 그것은 사람이 각자에게 던져진 자연적, 사회적 환경 속에서 저마다의 삶의 이야기를 통해, 그리고 그 이야기 안에서 세계적이고 우주적인 인간의 가치를 아름다운 색깔로 표현해내는 것이라고 믿는다.

그리고 세계적, 우주적 인간의 가치는 사랑과 정의라고 믿는다. 다시 말해 사람을 사람으로 만드는 것은 물리적 성분과 그들의 조합이 아니라 적자생존의 자연 원리에 역행하는 희생적 사랑이요, 단지 개체나 종의 생존만을 위한 배려나 협동을 뛰어넘는 '탈경계적 정의'라고 생각한다. 자신의 인생과 아울러 타인의 인생을 돌아보고, 때로는 자기 것을 포기하고 희생하라는 인간 내면의 요청, 나와 내 공동체의 자유나 평등을 이방인과 자연에까지 확대하라는 내면의 요청, 이것이 인간을 인간으로 만드는 우주적 가치이며 인간의 소명이라고 생각한다.

따라서 성공을 목표로 하는 인생은 어떤 직업을 가지고 있고, 얼마만큼의 돈을 벌고, 어디서 살고 있는지가 중요하겠지만, 진짜 인생을 사는 사람은 어떤 삶의 자리에 있든 경험하는 사건들과 만나는 사람들과의 관계 속에서 사랑을 나누고 정의를 도모하는 사람이다. 사랑이 인생이라는 몸의 피와 살이라면, 정의는 그것을 떠받치고 움직이는 피부이고 뼈라고 할 수 있다. 마치 정원에 있는 각양각색의 아름다운 꽃들처럼, 수많은 인생들이 사랑과 정의의 꽃을 다양한 이야기 속에서 다양한 향기로, 다양한 모양과 크기로 피어나게 하는 것과 같다.

진정한 행복은 남을 돕고, 세우고, 돌볼 때 온다. 성공한 인생, 곧 진짜 인생이란 각자의 삶 속에서 아름다운 이야기를 만들어 나가는 것이다. 각 인생의 저자로서 우리는 다양한 경험을 할 것이다. 어떤 사람은 운동선수로, 어떤 사람은 정치인으로, 어떤 사람은 예술가로 또는 노동자로 다양한 사건을 만나고 독특한 이야기들을 만들어나갈 것이다.

인생의 꽃은 높은 곳과 낮은 곳을 가리지 않고 모든 곳에서 피어난다. 우리가 인간으로 상상하고 기대할 수 있는 최고의 가치인 사랑과 정의를 역사책이 아니라 각자의 삶과 일상에서 경험할 수 있다면 그것이 곧 진짜 인생이고 성공한 인생이 아닐까. 생존과 성공의 천박한 공식으로 추락한 인생의 가치, 청년들이 다시 올려놓아야 한다.

노동이란 무엇인가

신의 창조성이 내 안에서 발현되는 통로

노동과 직업은 단지 생존 수단이 아니라 우리의 존재 행위다. 2014년 한국의 자존감을 바닥까지 뭉개버렸던 세월호 참사를 생각해보자. 300명이 넘는 승객의 목숨이 바다에 희생되었지만 선원들만 구조돼 비난의 대상이 되었다. 배의 운항을 직접적으로 통제하고 책임져야 할 선원들이 가장 먼저 배를 포기하고, 자신들이 보호해야 할 승객들을 저버렸다는 사실은 실로 충격이 아닐 수 없었다. 그들의 행위를 놓고 사람들은 다양한 설명을 내놓았고, 다양한 혐의를 씌웠다.

뿐만 아니라 초동 대처에 실패한 해양경찰들과 정부 관료들 또한 책임과 비난을 피할 수 없었다. 사고 직후 황금 같은 60여 시간 동안 인명 구조보다 사태 수습에 급급했고, 어느 누구 하나 과감하게 자신을 희생하지 않았다. 게다가 그 현장에서는 직업윤리도 찾아볼 수 없었다. 어떤 사람은, 배 안에 갇혀 있는 승객을 버려두고 가장 먼저 탈출을 시도한 선장이 정규직 선장이 아니었다는 데 주목하며 문제의 발단을 노동관계의 이슈에서 찾으려 했다.

그러나 자신의 생명까지 내놓을 수 있는 희생을 감당할 수 있는 마음가짐은 정규직이냐 비정규직이냐라는 노무 환경에 달려 있지 않다. 직업에 관한 소명의식을 갖고 있지 않아서이고, 직업 또는 노동이 가지는 존재론적 심각성을 깨닫지 못했거나 그것에 대해 심오한 의미나 가치를 부여하지 않았기 때문이다.

창조자의 기쁨을 빼앗기고
기계 부품으로 전락한 노동자

청년들이여, 직업은 생계 수단 그 이상의 것이다. 노동을 단지 생존을 위한 수단만으로 이해해서는 안 된다는 말이다. 세월호 선원들이 현장을 신속히 벗어나려 했던 이유는 지극히 자연스러운 것이었을지도 모른다. 그들에게 있어 직업은 먹고살기 위한 수단, 그 이상 그 이하도 아니었기 때문이다. 자신들의 직업 속에 자신의 목숨을 희생하면서까지 지켜야 할 가치가 존재하지 않았기 때문이다. 직업과 노동이 삶의 본질적인 일부분이라기보다는 삶을 연명하기 위한 물리적 수단이었기 때문이다.

그러나 노동과 직업이 인간의 삶과 동떨어지게 될 때 진정한 그리고 숭고한 윤리는 발견될 수 없다. 이는 물론 개인들이 야기시킨 문제는 분명 아니다. 사회적 영향이 지대하다. 그러므로 청년이 이를 바꾸어야 한다.

　20세기 초 칼 막스Karl Marx는 이 문제를 정확하게 통찰했다. 그는 자본주의의 문제를 짚으며 노동을 생산수단과 가치 그 이상의 것으로 이해했다. 기계화와 산업자본주의가 가속화되면서 막스는 종속적이고 착취적인 노사문제를 직접 눈으로 보았을 뿐 아니라, 노동 그 자체가 가지는 신성한 가치의 몰락을 지켜봐야 했다.

　기계가 제품을 생산해내도록 하기 위해서는 기본적인 관리가 필요한 것처럼, 자본주의가 발달하면서 노동자 또한 노동현장에서 지속적으로 동일한 업무를 수행해내기 위해서는 최소한의 관리가 필요한 '소모품'으로 인식되기 시작했다. 노동자의 노동 가치가 그 결과물인 제품의 가격에 따라 산출됨으로써 인간 존재의 본질과 무관할 뿐 아니라 더 이상 심오하지도 중대하지도 않은 물리적 자원으로 여겨지기 시작했다. 기계화, 대량생산 체제가 포괄적으로 가속화되면서 노동자는 스스로 완제품을 만드는 주체가 아니라 생산 과정의 일정 부분에만 관여하는 기계적 부품으로 전락했다. 완제품을 만드는 주체에서 소모품으로 추락한 노동자의 노동은 그 신성함을 상실해버렸다.

　막스가 노동이 신성한 것이라고 주장한 이유는 노동이 인류만이 소유한 유일한 특징 중 하나이고, 그것을 통해 개인의 자존감이 형성되고 삶의 가치와 의미를 부여받는다고 믿었기 때문이다. 그런데 막스에 따르면 자본주의 시대에서는 사람과 기계의 객관적 차이가 사라졌다는 것이다. 노동은 생산품을 만들어내기 위한 기계적, 기능적 요소이지 윤리적, 철학적 대상이 아니라는 것이다. 막스는 형이상학적 가치에서 물질적 가치로 추락한 노동이 인간의 존엄성과 인간 공동체의 건강에 심각한 위험을 초래했다고 경고했다.

중세 봉건시대에 공인들, 곧 노동자들은 창조자였다. 자신이 물건을 디자인하고 재료를 구해서 직접 만들었다. 설계자도 자신이었고 제작자 그리고 평가자도 자신이었다. 신발을 만들고 가방을 만들고 그리고 집을 짓는 행위는 단지 육체적 노동 행위만이 아니었다. 노동자는 재료를 찾고 그것을 변형하고 새로운 형태로 전환시킴으로써 자연과 교감했다. 인간은 노동을 통해 자연과 만나기 시작했다.

또한 인간은 노동을 통해 자신의 존재의 의미를 발견했다. 자연을 조작하고 물건을 만드는 노동 행위를 통해 인간은 창조자의 창조 기쁨을 공유했다. 그러나 대량생산 체제에 돌입한 산업화와 자본주의화는 노동자로 하여금 그 창조자의 기쁨을 빼앗아갔다. 노동자는 생산 과정의 아주 작은 부분에만 참여했고 완제품을 스스로 완성하는 기쁨을 잃었다. 자신이 참여한 창조 과정의 완성품을 볼 수도, 만질 수도 없게 되어 버린 것이다.

창조자의 역할을 빼앗긴 노동자의 노동은 그저 기계의 부품처럼 추락해 버렸다. 이러한 노동착취와 노동의 가치 훼손에 관한 막스의 경고는 오늘날 우리의 문제에 시사하는 바가 크다. 우리 모두가 서로에게 높은 직업 윤리를 기대하고 요구하지만 계속해서 실패하는 이유는, 우리에게 이를 충족시킬 의지가 없다기보다는 그럴 여지, 여유가 없기 때문이다. 점점 더 직업이 생존 수단으로만 전락해가고 있기 때문이다.

인간은 노동을 통해 창조자가 되고 공동체에 기여한다

누군가에게 왜 현재 일하고 있는 직업을 택했냐고 묻는다면, 우리 중 대다수는 다른 선택의 여지가 없었거나 그저 먹고살기 위한 수단일 뿐이라고 냉소적으로 답할 것이다. 하지만 막스가 지적한 것처럼 직업이 우리에게 생계 수단 이상의 어떠한 가치도 줄 수 없다면 인간성 자체가 무너지는 비극을 맞게 될 것이다.

왜냐하면 노동자와 일꾼, 직원을 대할 때 기계 부품이나 소모품으로 대하고 또 그 가치를 화폐가치로만 해석, 운용, 통제할 수 있다고 믿는 사용자 또는 경영인들이 노동자들에게 숭고한 직업윤리나 희생을 기대하거나 강요하는 것은 언어도단이기 때문이다.

청년들이여, 우리는 직업을 통해 노동한다. 그리고 그 노동은 우리로 하여금 사람이 자연과 더불어 존재하고 있음을 확인시켜 준다. 그러므로 노동을 단지 생산성을 가늠하는 물리적 가치로

만 보는 관점을 인간의 본질을 설명할 형이상학적 수준으로 되돌려놓아야 한다.

우리는 몸과 마음, 그리고 지성을 움직여 삶의 현장과 사회로 나가고 또 그렇게 숨 쉬고, 생각하고, 행동한다. 노동을 통해 자연을 만지고, 다듬고 변형하며 새로운 것들을 창조해낸다. 베티 벤더Betty Bender는 우리가 노동 현장으로 갈 때 절대 마음심장을 집에 놓고 와서는 안 된다고 말한다. 존재 전체가 노동과 만나는 창조적 행위를 생각한 것이다.

이러한 창조적 노동은 또한 인간이란 존재가 자연에서 태어나고 살고 있지만 그것에 구속된 존재가 아니라는 사실을 일깨워준다. 자신의 노동을 통해 자연과 환경을 변화시키고, 자신이 생산해내는 물품과 서비스로 인해 타자로 하여금 그 가치를 발견하게 하고, 서로를 필요로 하고 존중하게 만드는 것이 노동의 참 기능이자 가치다.

청년들이여, 노동의 가치가 인간의 가치 그리고 삶의 가치와 밀접히 관련되어 있다는 사실을 인정한다면 적극적으로 노동운동에 동참하라. 여기서 말하는 노동운동은 단지 노조가 하는 제도 안의 운동이나 정치를 의미하지 않는다. 대신 '의식 운동'이고 '생각의 전환'을 말한다. 우리가 행하는 육체적 그리고 정신적 노동의 가치가 단지 그것들이 생산해내는 결과물의 화폐가치로만 환산될 수 없다는 점을 기억하자는 말이다. 노동이 의식주와 사회적 구성원으로 가져야 하는 기본적인 존엄성을 유지하는 데 필요한 자원을 획득하기 위한 수단으로만 전락하게 해서는 안 된다는 것이다.

노동을 통해 우리는 땀을 흘릴 수는 있지만 피눈물을 흘려서는 안 된다. 노동을 통해 창조자가 되고 공동체에서 기여자가 되어야지 소모품이나 노예가 되어서는 안 된다. 노동을 통해 자존감과 보람을 느껴야지 질투를 느끼거나 그것에 한이 맺혀서도 안 된다.

우리 공동체에서 노동의 참 가치를 회복하게 만들 수 있는 주체가 바로 청년이다. 자연과 사회에서 가장 역동적으로 교감하고 주도할 수 있는 세대가 청년이기 때문이다. 부모로부터 독립하고, 육체적으로 성숙하고 강건하며, 지적으로 끊임없이 도전받고 그것에 반응하려는 욕구가 가장 강한 세대가 청년이기 때문이다. 청년이 불복종하고, 일탈하고, 파괴하는 세대라는 의미가 아니라 세워진 질서와 가치를 반성하고, 더 나은 것을 고안하고 제시하고, 때로는 무모하지만 이를 밀어붙일 수 있는 세대가 청년이라는 것이다.

청년이 잠자는 시대는 어둡다. 앞에서 말했듯이 나이가 청년을 만드는 것이 아니라 참 자아에 관한 의식과 의지가 청년을 만든다. 당신이 청년이라면 노동과 직업에 관한 관점을 바꿔라. 노동은 우리의 삶을 유지시키고 사회적 지위를 높게 하는 도구가 아니라 창조적 인간을 완성하는 숭고한 행위 중 하나라는 사실을 잊어서는 안 된다.

사랑이란 무엇인가

사랑하라, 이것이 정의이고 영성이다

앞서 이야기했듯이 나는 인간을 인간되게 하는 핵심 요소를 '초월에 대한 내면의 욕구'라고 생각한다. 초월적 욕구라 함은 인간의 신체가 가지는 물리적 필요와 한계 너머에 있는 그 무엇을 기대하고 추구하는 지향성을 뜻한다. 인간의 삶에는 육체적, 자연적 욕구 충족이 해결할 수 없는 심연의 것들이 존재한다. 다른 종들과 달리 인간은 의미와 가치를 먹고사는 존재이기 때문이다. 완벽한 의식주 해결이 생명을 지탱할 수 있게는 하겠지만 삶을 지속시키지는 못한다는 말이다.

존재 내에서 끊임없이 우러나오는 이 초월적 욕망의 근원을 잘못 이해한 사람들은 의식주와 같이 생존에 즉각적으로 필요한 요소들을 양적으로 늘리는 데만 급급해한다. 가족이나 사회는 청년들로 하여금 생존 또는 성공적 생존을 위해 필요한 물리적 자산을 축적하고 확장하기만을 강요하고 있다. 그러나 진짜 인간답게 사는 삶은 존재 내의 물리적 요구 너머에 있는 초월적 요구를 정확하게 이해하고 이를 추구하는 삶이다.

다시 말해 맛있는 음식을 먹고 좋은 옷을 입고 좋은 곳에서 잠을 자도 이 요구가 채워지지 않는 이유는 물리적 자산이 모자라기 때문이 아니라 인간의 DNA 속에 내재한, 끊임없이 내 존재 밖의 것들과 연결되고 싶어 하고, '그들로부터' 그리고 '그들을 통해' 삶의 의미와 가치를 발견하고자 하는 욕구를 해결하지 못하기 때문이다.

어떤 사람은 이 욕구를 돈으로 채우려 하고, 어떤 사람은 마약과 섹스로, 또 어떤 사람은 지식이나 권력으로 채우려고 한다. 그러나 진정한 인간을 만드는 요소는 물질이 아니라 다른 생명과 세상 그리고 자연과 의미 있는 관계를 형성하고 그들과 하나 되게 묶어주는 '사랑'이다. 사랑은 단지 사물에 반응하는 인간의 다양한 감정 중 하나가 아니라 관계를 통해 성장하고 완성되는 인생의 자연적인 성질이다.

인간의 완성은
사랑으로 비롯된다

오늘날 사회는 우리로 하여금 사랑을 연애 소설에서나 접할 수 있는 허구나, 종교 경전에서 경험하는 윤리적 이상, 또는 치열한 자본주의 경쟁 사회에서 불필요한 사치로 여기게 만들고 있다. 특별히 위기의 사회에 던져져 경제적, 정서적 독립을 위해 분투하는 청년들에게 사랑은 보암직하고 먹음직하나 생존과 성공을 위한 필수적 자산으로는 느껴지지 않는다.

그러나 인간의 완성은 사랑으로 비롯된다. 인간은 사회적 존재이고 영적 존재다. 사회적 인간은 자신과 동일한 생존과 성공 욕구를 지닌 이웃과 관계하고 교통함으로써 보이는 존재의 일면을 완성하고, 영적 인간은 자연과 우주 그리고 신적 존재와 관계함으로써 존재의 보이지 않는 일면을 완성한다. 예수가 하늘에 계신 아버지를 사랑하고, 네 이웃을 네 몸과 같이 사랑하라고 한 것은 단지 성서의 율법을 요약한 것이 아니라 인간 존재의 극점, 곧 이상을 윤리적으로 표현한 것이다.

사랑은 자아를 타아와 관계하게 하는 가장 순수하고 자연스러운 원리이고, 존재에 대해 개인이 갖는 자의식의 울타리를 허물어 우주적, 신적 자아를 이루게 하는 신비로운 에너지다. 이처럼 인생을 완성하는 사랑은 계급관계에서 오는 연민도 아니고, 육체적 자극에서 오는 욕망이나 종족 보존을 위한 동지적 감정도 아니다. 그것은 존재의 의미와 가치를 타아와 우주로 확장하게 만드는 신비로운 에너지다. 이 에너지가 사회적인 관계 속에서 사회적인 옷을 입으면 정의justice가 되고, 종교적인 관계 속에서 종교적 옷을 입으면 영성spirituality이 되는 것이다.

인간의 완성을 위한 사랑의 의미를 더 정확히 이해하기 위해서 우선 사랑의 아류를 논할 필요가 있다. 사랑의 아류는 우리가 사랑이라 믿고 좇지만 유사품일 뿐 진품은 아니다. 이 유사품을 향한 집착이나 숭배는 인생을 성숙하게 하고 완성시키는 것이 아니라 오히려 저급하게 하고 조각나게 만든다.

우선, 육체적 사랑으로서의 에로스는 동물적, 자연적 욕구와 필요를 채워주지만 인생의 완성을 돕지는 않는다. 성적 욕구나 종족 보존의 욕구를 채우는 이 에로스적인 사랑은 감각적 요구에 대한 인간의 자연스러운 반응이기 때문에 그 자체로 해가 되지는 않지만, 인간을 다른 생명체와 구별되게 할 능력은 없다. 이것은 단지 이성또는 동성을 향한 성적 본능과 욕구의 세련된 표현에 불과하다.

그러므로 에로스가 과해지면 인생의 심오함이 급격히 떨어진다. 성적 욕구나 충동이 제어되지 못하면 자연스럽게 이성의 기능과 역할이 약해지기 때문이다. 흔히들 사랑에 눈이 멀었다는 말을 하는데, 이는 그리스 신화나 예술에 에로스가 눈가리개를 하고 등장하는 것처럼, 사람이 감각적 사랑의 노예가 되면 세상을 보는 이성적이고 합리적인 눈을 상실하게 된다는 말이다. 특별히 에로스가 '풍요의 신God of fertility'이었다는 사실을 감안할 때, 생존과 성공에 병적으로 집착하는 우리 사회는 이미 에로스적 사랑에 노예가 되어 버렸다고 할 수 있다.

성적 욕구는 지극히 감각적인 욕구이고 성취했을 때는 극적인 쾌감을 가져다준다. 그러나 에로스가 분출하는 쾌감의 정도는 강력하지만 그 수명이 길지는 않기 때문에 언제나 목마름과 아쉬움이 존재한다.

　풍요의 신인 에로스의 사랑은 생육하고 번성하고 성공하길 원하는 인간의 원시적 욕망이다. 마치 성교를 통해 원시적 인간이 육체적 욕구를 채우고, 종족을 보존하고, 이성을 소유하고 생존해나가는 것처럼 오늘날 우리도 '사회적 성공'이라는 충동과 자극을 채우는 데 혼신의 힘을 다하고 있다. 우리가 즐기고 숭배하는 돈, 명예, 권력, 섹스 모두가 풍요로움을 갈급해하는 에로스적 욕구의 다양한 일면들이다. 이들은 일시적으로 육체적 만족감을 가져다주긴 하지만 종species으로서 인간이 가지는 심오성을 드러내거나 돕지는 못한다.

　또 다른 사랑의 아류는 루두스Ludus, 곧 유희적 사랑이다. 대상을 향해 어떠한 목적도 가치도 부여하지 않고 그냥 즐기는 사랑이다. 에로스가 풍요나 육체적 욕구를 만족시키는 것에 목적을 둔다면, 루두스는 비헌신적이고 진지하지 않고 지극히 일회적이고 장난 같은 사랑이다. 에로스가 성적 교감을 통해 육체적 욕구를 해소한다면, 루두스는 재미를 통해 일상의 지루함을 해소한다.

　연예인을 따르고, 게임을 즐기고, 소설 속 인물을 따르고, 스포츠 팀을 응원하는 등의 행위들이 루두스적 사랑이다. 사람들이 루두스적 행위를 통해 사랑한다고 하지만 대상과 진지하고 진정한 교감은 하지 않고 잠시 잠깐 즐길 뿐이다. 루두스의 한계는 에로스와 마찬가지로 사랑의 대상이 허구적이고 순간적 감정만 다룰 뿐 인생을 온전하게 하는 데는 도움이 되지 못한다.

에로스와 루두스가 결합하면 또 다른 사랑의 아류가 발생하는데 그것이 바로 마니아Mania다. 마니아는 자기애self-love다. 물에 비친 자신의 매력에 빠져 파멸한 나르키소스Narcissus처럼 오늘날 많은 사람들이 자기 스스로에 도취되어 있다. 어떤 사람은 자기를 지나치게 사랑하기도 하고, 어떤 사람은 자기를 지나치게 혐오하기도 한다. 둘 모두 병적으로 자기에 몰입되어 있다는 말이다. 특별히 나는 자신의 생존과 성공, 안전, 행복에 최고의 가치를 두는 초경쟁적인 한국 사회가 청년들로 하여금 마니아적 사랑에 빠지게 만들었다고 믿는다.

중요한 것은 마니아적 사랑을 하는 인간은 동물적, 자연적 한계를 벗어나지 못한다는 것이다. 왜냐하면 인생의 최대 가치를 단지 자신의 생명 보존과 무사안위에만 맞추기 때문에 그 안에서 심오하거나 존경할 만한 가치를 발견할 수가 없다. 그래서 마니아적 사랑은 문제적 사랑이다. 다시 말해 마니아적 사랑은 사람으로 하여금 자기만의 언어를 가지고 세상을 이해하고 규정하고, 자의적 기준으로 세상을 평가하고, 자기가 만든 높은 기대감으로 고통당하게 한다. 마니아적 인간은 타아를 볼 수 없고, 그들의 감정에 동화될 수 없다. 또한 자신에게 빠진 인간은 병적으로 관심받기 원하고,

타아의 성공에 시기 질투하고 분노한다. 따라서 마니아는 자신을 향한 사랑이라기보다 자기를 파괴하는 집착이고 강박이다.

반면 스토르게Storge는 오랜 시간에 걸쳐 밀접한 관계와 친숙함이 형성된 일종의 형제애나 우정과 같은 사랑이다. 이는 일시적인 육체적 욕구와는 달리 일관성 있고 안정적인 관계와 상호간 신뢰가 만들어내는 애정이다. 이 사랑은 가족 구성원들 사이에 발생하는데, 서로를 향해 자연스러운 유대감을 갖고 친밀한 감정을 느낀다. 그러나 이 스토르게도 사랑의 아류다. 가족 단위, 부족 단위로 돌아가던 원시사회에서 스토르게는 미덕이 될 수 있지만 탈경계적인 21세기에는 한계가 있다.

스토르게적 사랑의 전제는 공통의 관심과 이해interests다. 비록 남이라 할지라고 형제애를 가질 수 있는 이유는 공유하고 있는 생각, 가치, 목적이 존재하기 때문이다. 하지만 이 역시 다른 사랑의 아류처럼 조건적이고 일시적이고 타산적이다. 공유된 가치가 없어질 때 상대를 향한 사랑은 언제든 소멸될 수 있다는 뜻이다.

프라그마적pragmatic 사랑도 마찬가지다. 자신의 실용적, 현실적 필요에 도움을 줄 수 있는 대상에 마음이 끌리는 사랑을 말한다. 마니아적 사랑처럼 병적이지는 않지만 이기적이고 타산적인 사랑이다. 오늘날 청년들이 연애나 결혼 상대를 찾을 때 자신의 부족함을 채울 수 있고, 자신의 성공을 도울 수 있는 사람을 찾는 노력이 바로 이 프라그마적 감정이다. 겉으로는 궁합과 배경 그리고 성격이 맞는 사람을 찾는 것뿐이라고 하지만 포장일 뿐이다. 스스로 의식하지 못할 뿐 다른 사랑의 아류처럼 효과적 생존과 성공을 위한 무의식적 전략에 지나지 않는다.

프라그마는 스토르게처럼 자신과 공통의 관심사를 가진 상대를 향해 개인의 취향이나 욕구를 양보하는 선한 면이 있기는 하지만 어디까지나 유용성 또는 필요라는 실리적 목표를 전제한 사랑이다. 이 사랑의 한계는 상대가 합의된 계약을 위반하거나 예기된 기대를 현저히 저버렸을 때 지속될 수 없다는 점이다. 비록 다른 사랑의 아류보다 더 인내하고 포용하는 감정이긴 하지만, 방어적인 에고의 틀을 벗어나지는 못하는 사랑이다.

인간이 지닌 최고의 잠재성은
무조건적인 사랑

진정한 인간이 되게 만드는 초월적 욕구를 채울 수 있는 에너지는 희생적, 헌신적, 무조건적 사랑이다. 아가페Agape라고 부르는 이 숭고한 사랑은 흔히 인류의 죄를 위해 희생한 그리스도교의 예수나 불교의 보살의 삶으로 표현된다. 그러나 이 무조건적이라는 특징이 오히려 사람들로 하여금 아가페를 현실에서 괴리된 감정으로 느끼게 만들었다.

우리는 아가페를 머리로 꿈꿀 수 있는 이상이라고 생각하지만 몸으로 실천할 수 있는 감정은 아니라고 생각한다. 또 그것이 도덕적으로 훌륭한 가치라는 사실 자체는 인정하지만 인생을 완성하는 데 필연적으로 있어야 할 실질적 덕목이라고는 생각하지 않는다. 아가페는커녕 사랑 자체를 논하는 것이 쑥스러워져버린 시대가 된 것이다.

그러나 아가페적 사랑을 종교적, 윤리적 박물관에서만 찾으려고 하는 태도는 종species으로서 인간이 가지는 최고의 잠재성을 외면하는 것과 다를 바 없다. 아가페적 사랑은 인간이 초동물적, 초자연적 욕구를 지니고 있다는 명백한 표징이기 때문이다.

사랑이라는 감정 자체는 인간만의 전유물이 아니다. 정도나 질의 차이는 있지만 동물의 세계에서도 사랑의 감정이 발견되기도 하는데, 사랑은 어떤 면에서는 생존 욕구가 사회적으로 정교화된 감정으로 이해될 수 있기 때문이다. 그러나 아가페라는 사랑은 인간이라는 종을 신적인 존재로 만드는 충동이자 에너지다. 사랑의 아류들이 물리적 조건이나 이해관계에 기초해 있는 반면, 아가페는 무조건적인 사랑이기에 자연성에 반해 있다.

예를 들어 연민은 공통의 이해나 이윤 또는 공통의 입장, 경험 그리고 처지를 가진 존재들에 대해 느끼는 교감적이긴 하지만 수동적 감정이고, 동정은 자기보다 딱한 상황에 처한 존재들에 대해 우월적 지위에서 느끼는 계급적 감정이다. 그리고 애정은 이성에 의해 정제된 정도에 따라 차이가 있지만 성적 감정이나 욕구를 전제한 사랑이다. 한편 우정은 우호적인 관계를 전제한 사회적 사랑이다.

아가페는 이러한 일련의 조건이나 전제, 목적을 떠난 사랑이다. 관계나 이해에 대한 어떠한 고려도 없이 타아를 일으키고, 돌보고, 살리려고 하는 숭고한 욕구와 의지가 우리 안에 있다는 뜻이다. 우리 모두에게 있는 이 신적인 사랑인 아가페가 삶에서 인식되고 키워지고 실천될 때 인생은 온전케 되고, 그로 인해 우리는 진정한 행복을 느낄 수 있게 된다.

인생이 있는 곳에 아가페적 사랑은 다양한 모습으로 존재해 왔다. 예수는 개인이 가지는 도덕적 지위나 가치와 상관없이 사람들을 사랑으로 품었다. 사기꾼이든 살인자든, 폭행자든 창기든 모두를 소중한 생명으로 받아들였다. 여기서 모두가 사랑받았다는 사실도 중요하지만 모두를 사랑할 수 있는 능력이 예수 안에 있었다는 것이 더더욱 심오하다. 이 능력은 신적인 능력인 동시에 인간적인 능력이다. 왜냐하면 예수는 완벽한 신인 동시에 완벽한 인간이었기 때문이다. 예수의 사랑을 통해 우리는 진정한 신과 신적인 경지를 경험하고 진정한 인간을 만난다는 이야기다. 실제로 우리는 신을 사랑하고 이웃을 우리 몸과 같이 사랑하고, 일흔 번씩 일흔 번이라도 용서하고, 원수조차 사랑하라는 명령을 받았다. 아가페야말로 우리가 해낼 수 있는 사랑이라는 말이다.

그러나 세상을 적자생존 또는 무한경쟁의 틀로만 보고, 인생의 가치를 화폐 가치로만 환산하려는 동물적, 자연적 심성은 아가페를 실효성 없는 허구적 감정으로 평가절하하거나 성인들saints이나 도달할 수 있는 도덕적 경지로 이상화시켜 버렸다. 물리 법칙 안에서 물리적 존재로서만 인간을 바라보는 유물론적 사고와 물질 만능의 도덕률은 아가페의 현실적 가능성을 조롱거리로 만들어버렸다.

그러나 인생을 경이롭고 숭고하게 만드는 것은 측량 불가한 많은 재산이나 남을 제압하고 통제할 근육이나 권력이 아니다. 타아를 돌아보고 돌보는 눈이 자아를 망각하게 할 만큼 크게 열릴 때 아가페적 감정이 일어난다. 다시 말해 타아를 세우려 하는 의지는 개인의 이익 때문이 아니라 생명을 사랑하고 세우려는 신비로운 충동과 같다. 희생적이고 무조건적인 사랑인 아가페를 극적으로 보여주는 이야기가 있다. 1569년 네덜란드 아스페렌Asperen에서 종교적 박해를 받고 있던 더크 윌렘Dirk Willems에 관한 이야기다.

재세례주의자Anabaptist: 16세기 유아세례의 타당성을 부정했던 종교 개혁의 한 분파. 이들은 자녀가 자주적으로 성사의 중요성을 판단할 수 있을 때까지 세례를 연기해야 한다고 주장, 유아세례를 받은 이는 재세례를 통해 비로소 신의 은총을 받을 수 있다고 주장했다였던 더크는 유아세례를 인정하던 가톨릭교회에 의해 이교도가 되어 핍박을 받기 시작했고 급기야 감옥으로 개조한 거대한 성에 갇히고 말았다.

어느 추운 겨울, 느슨해진 간수의 경계를 틈타 더크는 헝겊을 연결해 만든 밧줄을 창밖으로 내려 탈출했다. 하지만 감옥을 완전히 벗어나려면 목숨을 걸고 성 둘레를 흐르는 얼어붙은 강을 건너야 했다. 추위에 얼어버린 강은 오랜 투옥으로 살이 빠진 더크의 몸을 지탱하기에는 충분히 딱딱했다. 하지만 사력을 다해 빙판 위를 달리던 더크는 자신을 추격해 오고 있는 간수를 발견했다. 그러나 빙판은 더크와 달리 무거운 체중의 간수를 버티지 못했다. 빙판이 깨지면서 간수는 물에 빠졌고, 사력을 다해 도와달라고 외치기 시작했다.

　　어둠을 찢는 애절한 외침을 들은 더크는 뒤를 돌아보았고, 물에 빠져 허우적대는 간수를 목격했다. 더크는 한순간의 망설임 없이 반사적으로 발걸음을 돌려 간수에게 달려가 손을 뻗었다. 그러나 더크의 도움으로 생명을 건진 간수는 감사는커녕 그를 잡아 더 험한 감옥으로 보냈고, 몇 개월이 지나 그는 예정대로 화형을 당해 세상을 떠났다.

　　더크의 발걸음을 돌리게 한 그 충동은 인간을 물리적 세상에서, 물리적 운동 법칙에 지배받는 존재로만 이해하는 유물론적 인간관으로는 설명할 수 없다. 내 감정, 내 욕구, 내 생존, 내 성공만이 신성한 법칙인 인간관에서는 아가페의 사랑을 실천한 더크의 용기가 납득이 될 수 없다는 말이다. 그렇다면 타아, 아니 적을 위해 자신의 이익을 포기한 더크의 의식과 결단은 어디에서 비롯되었을까?

　더크의 결단은 긍정적인 결말을 기대한 결과론자적인con-
sequentialist 계산도, 더 큰 공동체의 이익을 기대한 공리주의적
utilitarian 계산도, 또는 위험에 처한 사람을 돕는 것이 인간의 책임이
라는 의무론적인deontologist 압박감 때문도 아니었을 것이다. 더크
는 위험에 처한 간수에게 자신 스스로의 모습을 보았고, 살려 달라
는 그의 외침에 살기 위해 탈옥한 자신의 외침을 들었던 것이다. 간
수를 통해 자신을 보았다는 말이다. 이성적 계산이나 결단이 아니
라 더크 자신이 평소에 가지고 있던 생명을 향한, 생명을 위한 충동
이 그를 움직였을 것이다.

　이는 맹자의 가르침에서도 발견된다. 그는 우물에 빠진 어린
아이를 목격했을 때 사람이라면 누구나 살리고 싶은 충동을 느낄
것이라고 말한다. 이 숭고한 충동은 아이의 부모에게 환심을 사려
는 의도나, 친구나 이웃에게 칭찬을 기대하거나 무정하다는 비난을
피하기 위한 계산적 행동에 의해 야기된 것이 아니라는 사실이다.
맹자는 바로 사랑commiseration : 가엾게 여김이 인간성의 시작이라고 믿
었다. 다른 사람을, 심지어 원수마저도 조건 없이 사랑할 수 있는
능력을 드러낼 때 온전한 인간에 가까워지고 그 온전한 인간에 가
까워 질 수록 진정한 행복에 근접해지게 되는 것이다.

'너를 위한 나'가 안겨주는
무한의 행복감

간디Gandhi는 자신을 찾는 최고의 방법은 '남을 위해 자신을 버리는 것'이라고 했다. 마찬가지로 마르틴 루터 킹 목사Martin Luther King는 인간의 위대함과 남을 위해 헌신하는 것은 동전의 양면이라고 했다. 남을 위해 헌신하는 것이 인간의 특질 중 일부이고 그것을 채울 때 종species으로서의 인간을 완성하는 것이고 또 진정한 행복감을 느낄 수 있다는 말이다.

이러한 진실을 단지 종교적 경전이나 전설 같은 역사적 사건들만이 증명하는 것은 아니다. 이를 뒷받침하는 재미있는 연구들이 있다. 사회 심리학자인 리즈 던Liz Dun은 한 실험을 통해 남을 위해 돈을 쓰는 사람이 자신을 위해 쓰는 사람보다 더 큰 행복감을 누린다고 했고, 2008년 하버드 대학 경영학 교수인 마이클 노튼Michael Norton 교수도 비슷한 연구를 통해 이타적 행동과 행복의 긍정적 관계를 주장했다.

특별히 2006년 조지 몰Jorge Moll은 기부하는 것이 '온기 영향warm glow effect'을 분사해 기쁨과 사회적 연대감 그리고 신뢰 감정을 관장하는 뇌의 부위를 활성화시키고 엔도르핀을 분출한다고 주장했다. 『왜 선한 사람들에게 선한 일들이 일어나는가』를 쓴 예방의학자 스테픈 포스트Stephen Post도 타인을 돕는 기부 행위가 에

이즈나 다발성 경화증 같은 만성 질병을 가진 환자들의 상태를 돕는 효과가 있다고 주장했다. 버클리 대학의 더그 오먼Doug Oman은 1999년 연구에서 남을 돕는 자원봉사 활동을 하는 노인들이 그렇지 않은 노인들보다 5년이라는 제한 기간 내에 사망 확률이 더 낮은 것으로 나타났다고 보고했다.

청년들이여, 삶을 성공이라는 게임을 펼칠 경기장으로 이해하고 인생을 생존을 위한 투쟁으로만 보는 전투적 관점을 내려놓아야 한다. 인생은 단순히 물리적 시간이나 공간이 아니라 사랑을 찾고, 만나고, 살아나가는 숭고한 영적인 여정이다. 사랑의 아류가 야기하는 문제에 실망하거나 낙담하지 말고 바로 우리 안에 있는 사랑의 진품, 생명의 에너지인 아가페를 불러내고 표현하고 살아나가자.

아가페는 살아있는 모든 것들을 생명으로 사랑하는 마음이다. 생명은 존재를 나게 하고 자라고 꽃을 피우게 하는 운동이고, 원리이고, 에너지다. 사람이 사람을 진정으로 만나고 소통하고 교통할 수 있게 하는 접촉점이 바로 생명이다. 노동자로, 정치가로, 기업가로, 교수로 사람을 만나는 것이 아니라 생명으로서 생명을 만나는 것이 인생이다. 생명이 생명을 만나고 감정으로 교류하고 마음을 나누는 것이 바로 아가페적 행위다. 아가페를 실천하기 힘든 이유는 그것이 이상이기 때문이 아니라 사람들이 자신 안에 동물적 욕구나 한계를 뛰어넘을 초월적 욕구와 능력이 존재한다는 사실을 자각하지 못하거나 의도적으로 무시하기 때문에 힘든 것이다.

　반면 예수가 완벽하고 온전한 인간의 표상이 된 이유는 생존과 성공을 향한 자연적 욕구를 극복했기 때문이다. 그는 굶주리고 병든 자, 소외되고 멸시받는 자 그리고 자신을 찌르고 억압하는 자들 속에서도 생명을 보았고, 그것을 세우기 위한 신성한 충동에 자발적으로 응답했다.

　청년들이여, 온전한 인생을 이루고 진정한 행복을 찾길 원한다면 이웃과 주변을 돌아볼 수 있는 눈과 마음의 여유를 가져야 한다. 내 육체의 안위에만 몰입된, 쪽방같이 작은 의식을 가지고 진정한 인생의 의미와 가치 그리고 행복을 찾을 수는 없다. 행복의 질과 규모는 한 생명이 다른 생명들과 사랑으로 연결될 때 비로소 심오해지고 제 크기를 만난다.

　사랑의 마음과 의식이 인생들을 교감하게 하고, 생명의 가치들이 서로 교통할 때 삶이 갖는 우주론적 의미나 가치가 드러난다. '나를 위한 나'가 줄 수 있는 성취감이나 행복감은 구멍 뚫린 물항아리처럼 내 인생과 의식의 규모에 제한되어 있지만, '너를 위한 나', '모두를 위한 나'가 가져다주는 행복감은 우주의 크기처럼 무한하다. 따라서 남을 위해 조건 없이 희생할 수 있는 사랑은 단지 인생의 이상ideal이 아니라 인생을 가장 온전하게 만드는 동력이자 생명력이다. 아리스토텔레스의 주장대로 행복이 존재 안에 내재한 잠재적 가치들이 온전히 실현되는 탁월함이라면, 아가페가 바로 인간이라는 종을 완성시키는 핵심적 잠재성이 될 것이다.

우리는 아가페를 허구화하고 신화화하는 동물적 욕구에 노예가 된 이 시대의 가르침을 과감히 뛰어넘어야 한다. 이윤, 실용성, 생산성, 효율성과 같은 물질적, 경제적 잣대로만 사는 인생이 봉사, 희생 그리고 헌신이라는 아가페적 사랑이 가져오는 참 인간의 가치를 헤아릴 수는 없을 것이다.

정의란 무엇인가

사랑의 사회적 표현

참 인간을 만드는 핵심 가치가 사랑이라면, 이를 사회적으로 현실화시키는 것은 정의justice다. 만일 인류가 사랑과 정의라는 가치를 신성시하지 않았다면 오늘날의 문명은 존재하지 못했을 것이다.

도덕적으로든 기술적으로든 인류 역사를 끊임없이 발전하게 만든 동력은, 유물론적 진화론자들이 주장하는 생존을 위한 투쟁이 아니라 생명을 위한 사랑이었고, 그것을 시대에 맞게 표현하고 실현하려는 정의로운 행동들이었다. 사랑이 생명을 향해 개인이 가질 수 있는 무한의 감정이라면, 정의는 그 신적인 감정을 제한된 여건과 제한된 수단을 활용해 다양한 인간관계 속에서 법으로, 정책으로, 행동으로 실현해나가는 것이다.

따라서 정의는 사랑의 현실적, 실용적 표현이며 인간 완성을 위한 물리적, 사회적 노력이다. 사랑이 머리와 가슴에만 머무르면 개인적 감정이 되지만, 그것이 사회적 관계 속에서 행동으로 표현되면 진정한 인간이 탄생한다. 진정한 인간은 사랑으로 숨 쉬고 정의로 움직이는 생명체다. 사랑과 정의는 함께한다는 말이다.

에밀 부르노Emil Brunner는 사랑은 언제나 정의에 선재pre-cedes하고 전제presuppose할 뿐만 아니라 자연스럽게 정의의 욕구를 충족시키는 힘이라 했고, 폴 틸리히Paul Tillich는 정의 없는 사랑은 척추 없는 몸이라 했다. 그리고 사랑은 필요하다면 정의를 초월할 수도 있는 능력 또한 가지고 있다고 했다. 아울러 그는 사랑과 무관한 정의는 있을 수 없다고 못 박았다. 라인홀드 니버Reinhold Niebuhr 역시 죄로 가득 찬 세상에서 사랑을 가장 잘 표현해낼 수 있는 방법이 정의라고 했다.

나이가 인간을 만들지 않고, 재산이나 권력 또는 명예가 인간에게 가치를 부여하지 않는다. 인간을 인간되게 하는 것은, 성숙한 자아가 이기적 욕구를 극복하고 사람과 세상의 필요를 사랑으로 느끼고 이를 정의로 충족시키는 사건이다. 특별히 청년의 시기는 사람과 세상을 향해 강력한 사랑을 느끼고 정의를 위해 헌신할 수 있는 가장 합당한 조건을 가진 세대다. 청년은 배운 지식을 현실과 대조하고 평가하는 시기이고, 불편한 진실을 과감하게 드러내고, 도전하고, 끊임없이 사회 변화와 새로운 영감을 불러일으키는 시기다.

사회는 계속해서 진화하고 그 가치들이 변해서 새로운 도덕률이 발생하기 때문에 사랑을 사회 속에서 표현할 정의 또한 끊임없이 재고되고 재편되어야 한다. 시대에 의문과 질문을 던지는 세대인 청년이 바로 그 역할을 감당할 적임자다. 프랑스 시민혁명, 미국의 반문화 운동, 반전운동 그리고 인권운동, 남미의 사회주의 민중운동, 아랍 스프링the Arab Spring, 한국의 독립운동과 민주화 운동, 이 모든 운동을 청년들이 주도했다. 독립된 개인으로 세상에 막 던져졌고, 체제 내에 완전히 자리 잡지 않은 청년들이 각계 각처에서 정의를 위해 뛰어야 한다. 정의는 소수 이념가나 정치 운동가들이 독점할 언어가 아니라 인간이라면 누구나 일상에서 반드시 실현해야 할 가치이자 덕목이다.

정의의 기본 전제는
사람을 향한 사랑

청년들이 인생에서 정의를 세우길 원한다면 먼저 생명에 대해 관심을 가지고 사랑할 수 있는 마음을 가져야 한다. 왜냐하면 정의는 사랑에서 시작되기 때문이다. 사랑은 정의의 규범을 세우는 근원이고, 그것을 위해 행동하게 할 역동적 동기이며 목적이다. 사람을 사랑하는 마음 없이 공동체의 정의를 세우겠다는 생각은 어불성설이다. 정치개혁, 시민운동, 경제 민주화 등 여러 모습으로 정의를 위해 투쟁하는 청년들이여, 공동체나 제도 그리고 나라를 위해 고민하기 전에 주변에 있는 사람들부터 돌아보아야 한다.

생명에 대한 관심을 전제하지 않은 정의는 허망한 정치적 구호에 불과하다. 단지 정치 경제적 목적으로 시도된 정의는 산술적으로는 효력 있는 법을 만들 수 있지만 지극히 일시적이다. 왜냐하면 그것이 역동적인 인간관계에서 나오는 다양한 소리와 요구에 대응해나갈 무한한 에너지를 갖고 있지 않기 때문이다.

사랑에 의해 끊임없이 영감 받고 가이드 받지 못하는 정의는 제도적 법적 장치로만 존재할 뿐 사람들의 마음을 사지 못한다. 포악한 공산주의도 자칭 법치가 될 수 있고, 다수결의 민주주의적 정의도 소수를 향해 잔혹해질 수 있다. 정의가 단순히 공동체의 질서를 위한 제도적 노력으로만 이해된다면 '가치를 위해 사는 인간 공동체'는 '생존을 위해 사는 동물 집단'으로 추락하게 될 것이다.

따라서 사람을 향한 사랑을 전제한 정의는 인간의 보편적 행복을 향한 노력이어야 한다. 정의가 특정 정당의 이념이나 공동체의 특정 구성원이나 또는 특정 체제의 성공을 위한 도구로 전락되어서는 안 된다. 정의라는 개념이 생명으로서의 인간 그리고 인간의 보편적 행복에 맞춰져 있어야 한다는 말이다. 여기서 말하는 생명으로서의 인간은 어떠한 사회적 정체성이나 지위, 범주를 갖기 이전의 존재론적 상태를 말한다. 이는 존 롤즈John Rowls의 원초적 지위original position로서의 인간과 아주 비슷하다.

특정한 사회적 지위나 정체성을 가진 인간들 사이에서 보편적 욕구와 행복을 찾는 일은 쉽지 않다. 여성의 요구가 남성의 요구와 같을 수 없고, 청년의 요구가 노인의 요구와 같을 수 없다. 또 그리스도교인들의 요구가 무슬림들의 요구와 같을 수 없다. 한마디로 정의를 논할 때 우리가 가진 일련의 사회적 계급장을 떼고 만나야 한다는 말이다. 이것은 살고, 자라고, 누리고, 꽃을 피워야 할 생명으로만 만날 때 가능한 일이다.

그리스도교인들의 정치적 요구가 무슬림의 것과 동일할 수는 없지만, 생명으로서 느끼는 감정과 요구 속에서는 우주적 동질성이 발견될 수 있다. 사회적 인간으로서가 아니라 생명으로서의 인간으로 사랑하고, 그 감정 위에 정의를 세운다면 더욱 공정한 사회로 한 발 다가설 수 있게 될 것이다.

다르마적 정의와
분배적 정의

대한민국 사람들은 정의를 사랑하는 민족이다. 슬픈 자와 함께 울고, 주린 자와 함께 먹고, 남의 것을 넘보지 않는 평화의 민족이다. 그 까닭은 우리 민족이 다른 민족보다 도덕적으로 우월해서가 아니라 스스로 수많은 불의를 겪어 왔기 때문이다.

구약 성서의 야훼는 유대인들이 약속된 땅 가나안에 본격적인 왕국을 세우기 전에 우선 함께 있는 이방인들을 선하고 공정하게 대하라고 명한다. 이유는 유대인 스스로가 이집트에서 이방인으로, 노예로 오랫동안 쓰라린 경험을 했기 때문이다. 자신의 눈에 피눈물 나게 했던 불의를 남에게 행하지 말라는 명령이다.

이것은 오랫동안 불의를 경험한 우리 민족에게도 합당한 명령이다. 유대 민족사처럼 우리 민족도 900번 이상의 외세 침략과 식민지 그리고 내전과 독재라는 불의를 경험했다. 시대가 변하고 대한민국이 풍요로운 나라가 되었지만 마치 빛이 있는 곳에 공존하는 그림자처럼 불의는 언제나 우리의 삶 주변을 서성거렸다. 나라가 성장한 만큼 불의라는 그림자도 커졌다는 말이다.

나는 대한민국의 청년들이 의식하고 세워야 할 정의를 두 가지 핵심가치로 설명하고자 한다. 우선, 대한민국을 더 나은 사회로 만들려면 '다르마적 정의Dharmic Justice'부터 수립해야 한다. 다르마dharma는 산스크리트어로 여러 의미가 있지만 나는 이 용어를 한국 사회의 문제와 관련해 '의무', '책임' 그리고 '역할'이란 뜻으로 사용하고 싶다.

최근 한국 사회를 가장 마음 아프게 한 사건은 정치나 경제 문제가 아니라 사람들이 각자가 맡은 바 의무와 책임을 다하지 못한 데서 오는 과오였다. 2014년 대학생 10명의 목숨을 앗아간 마우나 리조트 붕괴 사건과 300명 이상을 희생시킨 세월호 침몰 사건이 대표적인 예다.

공동체의 정의는 사람들이 맡은 바 역할과 약속된 법을 지킬 때 세워진다. 세워진 법이 우리의 행동 규범을 만든다면, 다르마dharma는 구성인 간의 신뢰를 보장하고 사회를 안정적으로 나아가게 만든다. 마우나 리조트의 체육관 건축을 담당했던 사람들이 각자의 역할을 충실하게 해냈다면 눈 때문에 지붕이 무너져 수많은 학생들이 목숨을 잃는 사고는 발생하지 않았을 것이다. 300명 이상의 목숨을 앗아간 세월호 침몰 사건도 승객들을 선박에 두고 자신들의 목숨만 건진 승무원들과 무능하고 안일한 구조작전을 펼친 정부가 만약 제 기능을 적시에 수행했다면 피해를 최소화할 수 있었을 것이다. 2014년 갑의 횡포의 정점을 찍은 대한항공 램프 리턴, 이른바 땅콩 회항도 각자가 자신에게 맡겨진 본분을 정확하게 이해하고 그것이 수반하는 사회적, 도덕적 책임과 의무를 다했다면 발생하지 않았을 사건이다.

기업인이 공익을 위해 사는 정치가가 될 수 없는 것처럼 정치가들도 사익을 추구하며 살 수 없다. 나라를 지켜야 할 군인이 정치적 야심에 사로잡히니 쿠데타와 독재가 발생한다. 개인이 특정한 사회적 역할을 스스로 맡았다면 그것이 요구하는 도덕적 의무도 다할 책임이 있다. 그렇게 할 때 다르마적 정의와 신뢰할 수 있는 사회가 실현될 수 있다.

다른 하나는, 우리 안에 '분배적 정의Distributive Justice'에 관한 본격적인 논의가 이루어져야 한다는 것이다. 우리는 단시일 내에 폭발적인 국력 신장을 이루어냈지만 정치, 경제, 사회 등 여러 분야에서 실현되어야 할 분배적 정의에는 소홀했다.

이제 대한민국은 높은 수준의 정치적 정의를 실현해야 할 시기에 놓여 있다. 식민지로부터 주권을 회복하고 독재로부터 권력을 빼앗아 절차 민주주의를 이루어내는 데는 성공했지만, 권력을 공정하게 분배하는 일에는 소홀했다. 정치적 정의라는 것이 단지 억압이나 통제로부터 벗어나는 데에만 머물러서는 안 된다. 권력이 특정 정치 세력이나 계급의 이익을 위해 독점되지 않고, 운명 공동체로서의 국가 그리고 자유롭고 평등한 구성원으로서의 국민들의 행복을 위해 원활하고 효과적으로 분배될 수 있게 해야 한다.

이러한 권력 분배는 단지 입법, 사법, 행정부의 권력 분배 같은 제도적 장치만을 뜻하지 않는다. 진정한 권력 분배를 통해 정치적 정의를 이룬 사회는 국민 스스로가 강한 정치적 주인의식을 느끼는 사회다. 국민 모두가 다양한 정치적 활동과 과정에 자유롭고 책임감 있게 참여할 수 있는 사회가 되어야 한다는 말이다. 이것은 정치적 소외 계층이 없어야 한다는 말이기도 하고, 진정한 의미의 참여 민주주의의 실현을 뜻하기도 한다.

또한 서로 간에 자유롭게 정보를 공유할 수 있어야 하고 표현과 언론, 출판의 자유와 아울러 정치적 저항의 자유도 보장되어야 한다. 남북 분단과 대치라는 독특한 정치적 환경을 이유로 정치적 이념과 경제적 정책들에 관한 다양한 비판적 논의를 단지 체제에 대한 위협으로 억압하는 불의는 빨리 뿌리 뽑혀야 한다.

정의로운 사회를 가장 위협하는 것은 공산주의 같은 특정 정치 이념이나 경제 정책 자체가 아니라, 국민들의 자유롭고 창조적인 사유 능력과 소통 능력을 차단하는 것이다. 국민에게 높은 수준의 자유를 부여하면 할수록 혼돈이 야기될 것이라는 생각은 민주주의의 저력을 부정하려는 엘리트적 사고인 동시에 정치적 패배주의적 발상이다.

이 세상에 신성불가침한 정치와 경제 체제는 존재하지 않는다. 정치, 경제 이념 모두는 인간 지성과 공동체의 진화와 함께 끊임없이 변화, 대체되어 온 산물이다. 공동체의 경계가 불분명했던 고대 사회에서는 족장들이, 부족들이 통합되어 왕국이 형성된 시기에는 제왕적 체제가, 봉건시대에는 영주가, 민족국가 시기에는 구성인의 충성과 합의가 낳은 지도자들이 정치적 이상을 대변하고 설계했다. 실제로 고대 문명 중 최고를 구가했던 그리스 시민들도 다양한 형태의 민주주의를 시도했다. 민주주의는 가치와 이념이기 때문에 변화되는 시대에 맞게 다양한 제도적 장치와 정책으로 실현될 수 있는 가단성可鍛性:금속을 두드려 그 모양을 바꿀 수 있는 성질과 전성展性:두드리거나 압력을 가하면 얇게 펴지는 금속의 성질을 가지고 있다.

경제적 정의
: 부의 분배는 자선 행위가 아니다

분배적 정의를 이루기 위해 넘어야 할 또 다른 산은 경제적 불균형이다. 지금 우리는 85명의 억만장자가 가진 돈이 하위 35억 명이 가진 재산과 맞먹고, 빌 게이츠가 하루에 백만 달러를 벌고 자기 재산을 다 쓰는 데 218년이 걸린다는 세상에 살고 있다. 탐욕의 자본주의가 민주주의를 멍들게 하고 있다.

우리는 이미 자본주의의 탐욕에 유괴되고 세뇌된 민주주의에 중독되어 있다. 북한이 자유도 없고 빵도 없는 사회라면, 대한민국은 자유는 있으나 빵이 부족한 사회라고 할 수 있다. 이는 우리가 굶어 죽을 정도로 빵이 없다는 말이 아니라 마땅히 먹어야 할 빵을 먹지 못하고 있다는 뜻이다.

도덕성을 병적으로 강조하는 대한민국이지만 경제적 부패는 벌써 도를 넘었다. 2013년 국제투명성기구TI의 보고에 따르면 한국의 부패인식지수CPI는 177개국 가운데 46위로 기록되었는데, 이것은 OECD 평균에도 미치지 못하는 수치다. 몇 년 전 아시아에서 활동하고 있는 외국 기업인들의 평가에 따르면 한국의 부패 지수는 싱가포르와 일본, 호주 그리고 홍콩에 비해 두 배에서 세 배 이상인 것으로 조사되었다.

중요한 것은 이러한 경제적 부패와 불의가 아래로부터가 아니라 위로부터 발생하고 있다는 사실이다. 한국의 경제적 문제는 정부와 대기업들의 부패에서 비롯되었다. 개발 경제 시대에 큰 기업들을 세우고 그들이 벌어들이는 이윤을 통해 국가와 국민을 먹여 살린다는 낙수효과는 글로벌 시장에서 이미 실효를 잃어버렸다. 대기업의 이윤 창출이 국내 고용시장의 확대나 서민경제 활성화를 가져오지 못하고 있기 때문이다. 자본 시장의 논리에 영특하게 대처하는 이른바 '있는 자'는 더 가지게 되고 '없는 자'는 더 가난해지는 부의 불균형이 경제적 정의를 막고 있는 것이다.

지금은 성장과 성공에 대한 개발도상국적 강박관념을 내려놓고, 부의 불균형이 야기한 국민적 무기력감을 먼저 치료해야 할 시기다. 대한민국은 현재 초고령 사회로 진입하고 있고, 직업적 은퇴 연령과 생리학적 은퇴 연령에 괴리가 생기기 시작했다. 그리고 청년 실업은 장기화되고 있으며 대기업 중심의 산업 구조가 야기하는 경제적 계급 구조가 고착화되고 있다. 이는 경제적 활동에서 역동성이 없어지고 있다는 뜻이다. 더 이상 개천에서 용이 나지 않고, 열심히 한 만큼의 대가를 받지 못하며, 한 번 '을乙'은 영원한 을로 살 수밖에 없는 사회가 되어 가고 있다. 실제로 중산층에서 고소득층으로 상승하는 비율이 2006년 13.4%였던 것이 2012년에는 11%로 낮아져버렸다. 중소기업과 대기업 간의 수익성과 노동생산성, 임금 격차는 두 말 할 나위 없다.

대한민국의 중산층은 계속 얇아지고 있고, 소득 불평등과 상대적 빈곤감은 점점 더 커지고 있다. 특별히 1000조 원이 넘는 가계 부채는 말할 것도 없고, 현 조세 정책은 소득 분배와 빈곤의 문제를 해결할 능력이 없는 것으로 나타났다. 특별히 노인 빈곤율은 다른 선진국에 비해 압도적 성장세에 있다. 최근 자료에 따르면 대한민국 65세 이상 노인들의 빈곤율이 49%로 조사되었고, 이는 OECD

평균13%보다 3배 이상 높은 치수다. 선진국에서 노인 100명 가운데 13명이 빈곤 상태에 있다면 한국은 45명이라는 이야기다. 당연히 노인들의 소득 수준은 OECD 국가 중 최하위다.

공동체의 성장만 지향하다 보면 각 개인들이 누려야 할 공정함이 소외되기 쉽다. 지적 노동이든 육체적 노동이든 노력한 만큼 정당하고 합리적 대가를 지불받는 사회, 그리고 사회적 경제적 능력과 상관없이 병약자나 낙오자 또는 실패자들도 인간으로서의 존엄함만큼은 지킬 수 있게 공동체가 책임져야 한다.

청년들이여, 경제적 정의는 못사는 나라의 정치 선동가들에게 필요한 혁명적 목표도 아니고, 배부른 나라가 막연히 꿈꾸는 로망도 아니다. 다양한 경제적 모드를 경험하고 있는 사회 구성원들이 시대와 공간의 특수성과 상관없이 이루어내야 할 도덕적 의무이다. 내가 가진 부와 권력 그리고 사회적 지위는 하늘에서 떨어지거나 신이 준 선물이 아니다. 나와 동일한 공동체에서 함께 숨 쉬고 살아나가는 구성원들의 보이고, 보이지 않는 다양한 기여가 있었기 때문에 가능했다.

부의 분배는 가진 자가 못 가진 자에게 베푸는 아량이나 마지못해 하는 자선적 행위가 아니고, 사랑과 정의를 숭배하는 종으로서의 인간the human as a species의 자연적 행위다. 사회에서 발생하는 어떠한 부도 나만의 재능과 노력의 산물이 아니다. 사회 구성원 모두가 크든 작든 각자에게 주어진 정치적 경제적 약속과 의무를 다했기 때문에 질서도 있고, 시장도 존재하고, 예측 가능한 경제 활동도 가능했던 것이다.

분배적 정의는 사랑과 희생을 숭고한 가치로 여기는 인류의 자연스러운 결단일 뿐 아니라 경제적 관점에서도 공리적이고 실용적으로 가치 있는 일이다. 청년들이여, 분배적 정의의 궁극적 이유와 목적이 남을 위해서가 아니라 자기 스스로를 위한 것임을 깨닫고 기억하자.

PART 3

Big Question을 위한
삶의 기술들

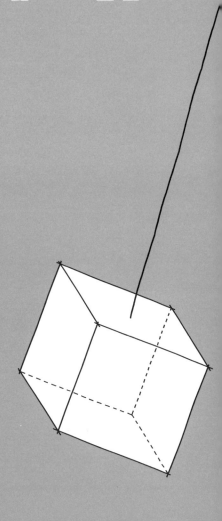

의식의 세계를 넓혀라

생각이 삶을 바꾸고 우주를 변화시킨다

인생을 살다 보면 피할 수 없는 장애와 맞닥뜨리고 해결할 수 없는 문제에 부딪히기도 한다. 이때 우리가 당하는 외부적인 상황과 조건을 바꾸거나 피하기는 쉽지 않다. 그러나 다행인 것은 그것을 마주하는 우리의 생각과 의식은 우리의 통제권 안에 있다는 사실이다.

생각과 의식의 힘은 우리 인생 자체를 정의할 만큼 지대하다. 프랭크 아웃로Frank Outlaw는 생각이 발전하면 말이 되고, 말이 발전하면 행동이 되고, 행동이 발전하면 습관이 되고, 습관이 진화하면 성품이 되고, 성품이 진화하면 운명이 된다고 했다. 아리스토텔레스도 습관이 사람을 만들고, 탁월함은 우연이 아니고 습관이라고 했다. 이는 삶의 변화가 밖이 아니라 안에서 나올 수 있다는 말이다.

우리는 생각을 단지 현명한 판단을 하기 위한 도구로 여길 것이 아니라 내 존재를 만들어 갈 거대한 힘으로 이해해야 한다. 『심리인공두뇌학Psycho-Cybernetics』이라는 책을 쓴 맥스웰 말츠 Maxwell Maltz는 자아와 자의식을 만들어내는 핵심 요소로서 생각을 지적했다. 경험이 생각과 기억을 이끌고, 반복되는 특정 패턴의 생각들이 고정된 믿음을 만들어내고, 그것이 결국에는 특정 자아와 자의식을 형성한다는 주장이다.

　　예컨대 사람들은 17살이 되기 전까지 '안 돼', '할 수 없어'라는 말을 평균적으로 15만 번 듣는다고 한다. '그래', '할 수 있어'라는 말을 평균 5천 번 듣는 것과 비교해보면, 한 번의 '예스Yes'를 듣는 동안 서른 번의 '노No'를 듣는 셈이다. 우리 삶 속에서 창조적 사고와 결단 그리고 행동이 힘든 이유가 바로 여기에 있지 않을까? 우리는 생각 안에 '예스'라는 말을 더 많이 넣어야 한다. 왜냐하면 그것이 우리의 인생을 좌우할 수 있는 신비로운 능력을 가지고 있기 때문이다. 생각의 상태가 마음이 되고 마음의 상태가 세상을 바꾼다.

물리적 환경까지 변화시키는
생각의 힘

붓다는 삼라만상이 생각의 산물이라 했다. 마음이 모든 것이고 생각하는 만큼의 인생이 펼쳐진다고 했다. 성경의 잠언도 '생명의 근원이 마음에 있다잠언 4장 23절'고 했고, 미국 심리학자 윌리엄 제임스Willam James는 이 시대의 최고의 발견은 다름 아닌 '마음가짐의 변화가 삶을 변화시킬 수 있다'는 사실이라고 했다.

물론 붓다와 윌리엄 제임스가 말한 생각의 힘은 물리적 환경을 변화시킬 능력을 말한 것은 아니다. 생각을 통해 우리가 관계하는 물리적 세상에 관해 전혀 다른 느낌과 감정을 가지고 살 수 있다는 말이었을 것이다. 생각이 고통 속에서 안식을, 전쟁 속에서 평화를, 슬픔 속에서 기쁨을 찾을 수 있게 한다는 말이다. 비록 생각이 객관적으로 존재하는 삶의 비극적 사건 자체를 모면하게 하지는 않지만 그것을 과감히 받아들이고 극복할 수 있는 힘은 줄 수 있다는 말이다.

한편, 어떤 사람들은 생각의 힘이 내면적 정서나 감정을 통제하는 데만 그치지 않는다고 주장한다. 생각, 의식처럼 비물질적 현상이 물리적 현실까지 변화시킬 힘이 있다고 주장한다. 실제로 2007년 실리콘 밸리의 니로스키Nerosky라는 회사는 생각을 이용해 컴퓨터 게임을 통제할 수 있는 기기를 만들어냈다. 마음과 물리적 현실이 두 개의 다른 실체라는 이원론이 무너지기 시작한 것이다.

나아가 TM Transcendental Mediation : 초월명상 같은 종교적 그룹들은 집단적 기도나 명상 같은 집단의식이 실제로 주변 환경을 변화시킬 수 있다고 주장한다. 생각, 마음, 의식의 물리적 힘이 실존한다는 말인데, 실제로 TM 수행자들은 양자물리학의 발견을 활용해 세상의 모든 것이 에너지의 파장으로 이해될 수 있다고 주장하며, 뇌 신경세포의 운동이 몸 밖의 물리적 세상에 영향을 끼칠 수 있다고 믿는다. 마하리시마헤시 요기Maharishi Mahesh Yogi의 가르침을 따르는 초월명상원은 이를 실험으로 증명하기도 했다.

1993년 여름, 100개국 이상에서 모여든 약 1천 명의 자원자들이 범죄율이 높기로 유명한 미국 워싱턴 DC를 위해 7월 한 달 동안 명상에 돌입했다. 그런데 한 보고서에 따르면 이 집단명상이 워싱턴 DC의 범죄율을 23.6%나 낮추었다고 한다. 사람의 생각과 의식의 상태나 움직임이 에너지 필드 위에 얽히고설킨 우주의 모든 영역에 진동으로 영향을 끼치고 또 그렇게 영향을 받는다는 것을 나름대로 입증한 셈이다. 한마디로 사물들이 분리된 것처럼 보이고 생각이나 의식이 비물질적인 것으로 느껴지지만, 양자물리학의 관점에서 보면 모든 것이 하나로 연결되어 있다는 이야기다.

모든 것이 하나로 연결되어 있다는 것은 힌두교나 불교로 대변되는 인도 철학의 존재론과 일맥상통한다. 인도 철학에 따르면 삼라만상 곧 우주는 하나다. 신은 우주 전체를 의미하는데, 신은 개인의 의식이 우주의 의식이 되는 클라이맥스climax를 묘사한 것이다. 미립자의 세계에서 모든 것들이 서로 연결되어 영향을 주고받는 것처럼, 힌두교나 불교 철학은 개인의 카르마행위가 개인의 삶에만 영향을 미치는 것이 아니라 우주까지 진동한다고 주장한다. 그래서 개인의 사고나 철학, 행위 그리고 영적 상태는 개인의 삶 그 이상의 의미를 지닌다고 믿는다. 이것은 생각이 단지 마음의 상태만 바꾸는 것이 아니라 개인이 관계하는 물리적 환경까지 바꿀 수 있다는 말이다.

생각과 의식이 갖는 물리적 힘을 단지 동양 종교나 철학만이 역설하는 것은 아니다. 성경도 생각과 의식의 물리적 힘을 증거하고 있다. 성경은 '믿음은 바라는 것들의 실상이요, 보지 못하는 것들의 증거'라 했다. 이는 확신에 찬 믿음이 곧 현실이 된다는 뜻인데, 그리스도교인들은 이 말을 단지 정서적 위안으로만 받아들이지 않는다. 자신의 믿음이 바라는 것들을 이루어지게 할 것이라고 믿는다.

천국이 아직 이르지 않았지만 이미 존재한다는 역설적인 그리스도교인의 믿음은 양자물리학이 주는 영감과 유사하다. 천국의 물리적 실체가 인간의 시간으로는 아직 도래하지 않았으나 예수를 믿는 순간 삶 속에서 이미 느껴질 수 있는 실체라는 믿음이다. 또 마태복음 16장에서 예수는 '내가 천국 열쇠를 네게 주리니 네가 땅에서 무엇이든지 매면 하늘에서도 매일 것이요, 네가 땅에서 무엇이든지 풀면 하늘에서도 풀릴 것이다'라고 했는데, 이는 마치 미립자들의 관계가 고전 물리학이 믿는 시공의 장애를 받지 않는 것처럼 인간과 신의 뜻과 의지가 함께 발생할 수 있다는 가르침으로 이해될 수 있다.

우리는 생각과 의식을 키우고 확장하는 데 노력을 기울여야 한다. TM의 데이비드 린치David Lynch는 의식의 사이즈를 골프공에 비유하면서 의식의 확장이 갖는 물리적 힘을 역설했다.

"만일 당신이 골프공 크기의 의식을 가지고 있다면, 당신이 책을 읽을 때 골프공 정도만큼 이해할 것이고, 창밖을 내다봐도 골프공 정도만 인식할 것이고, 아침에 잠에서 깰 때도 골프공 정도의 의식만 깨어 있을 것이다. 그리고 일상을 살아나갈 때도 머릿속에서 자각할 수 있는 행복의 정도도 골프공 정도일 것이다."

린치는 만일 우리가 의식을 확장할 수 있다면 책을 읽을 때 더 깊이 이해할 수 있고, 세상도 더욱 심오하게 바라볼 수 있고, 더 깊은 행복감을 느낄 수 있을 것이라고 말한다. 물론 의식의 크기는 물리적 크기를 뜻하는 것은 아니다. 의식의 확장은 자각과 생각의 깊이를 심화시키는 것이다.

여러 철학가들과 종교적 사상가들은 의식의 층들에 관해서 다양한 주장을 제기했다. 무의식에서부터, 생존을 위한 본능적이고 감각적인 의식과 자의식, 그리고 타아와 공동체, 자연, 우주를 아우르는 초월의식 등 의식의 복잡한 구조와 층에 관해 논했다. 무엇보다 고대 마야인들이 생각한 의식의 확장 또는 성장은 인간의 관심이 어떻게 진화되어 왔는지를 잘 보여준다.

마야인들은 오직 동물적으로 생존만을 생각하던 초대 인류가 환경이 던져주는 다양한 도전과 관계가 던져주는 다양한 자극들을 통해 자기 존재와 생존 너머에 있는 것들에 관해 의미를 찾기 시작했고, 그로 인해 그들의 의식이 확장하기 시작했다고 믿었다. 다시 말해 자기의 생존에만 매여 있던 의식이 타아를 인식하기 시작하고, 나아가 가치까지 부여할 수 있는 수준까지 점진적으로 진화해 왔다는 뜻이다.

이러한 의식의 팽창과 진화에 관한 사고는 단지 마야인들만의 것이 아니었다. 잉카족들도, 동양의 유교나 도교, 심지어 불교도 의식의 진화를 자아의 관심이 개인에서 타아, 세상, 우주로 옮겨지는 과정으로 이해했다. 힌두교의 아드바이타 베단타Advaita Vedanta 철학도 이와 유사하게 의식의 확장을 개인이 우주 자체가 되는 것으로 이해했다. 명상이나 요가를 통해 개인의 신체jiva에 갇힌 의식을 우주와 신의 의식Atman으로 회복시킬 수 있다고 믿었다.

이러한 형이상학적 생각을 사회학적으로 해석하면, 나와 너 그리고 세상과 우주가 의식 안에서 하나가 될 수 있다는 철학으로 이해할 수 있다. 이 관점에서는 내가 타아와 세상과 분리된 독립된 존재라고 생각하는 것은 아직 의식이 성숙하지 못한 단계라고 할 수 있다. 의식이 도달할 수 있는 최대의 크기는 우주 자체일 수 있기 때문이다. 이처럼 팽창된 의식과 생각의 힘은 인생에서 발생하는 사회적, 문화적, 정치적, 인종적 범주 자체를 무의미하게 만든다.

의식의 끝은
'나'를 넘는 것

　　사람과 세상 그리고 자연과 우주를 향한 의식의 성장은 종교적 가르침 그 이상이다. 인간 의식의 우주적 팽창에 관해서는 동서양 할 것 없이 많은 사상가와 영성가들이 진리로 공유하고 있다. 육체성과 신성을 분명하게 구별하는 그리스도교의 성경도 영성의 가장 높은 경지를 '신과의 일체'라고 말한다. 그리스도교의 신은 자신은 포도나무요 믿는 자는 가지라 했고요한복음 15장 5절, 진리말씀가 믿는 자 안에 머물면 신이 그들 안에 머문다고 했다요한 1서 2장 24절. 사도 바울은 갈라디아서에서 이를 더욱 구체적으로 말하고 있다.

　　"나는 그리스도와 함께 십자가에 달려 죽었습니다. 이제는 내가 사는 것이 아니라 그리스도가 내 안에서 사시는 것입니다. 지금 내가 살고 있는 것은 나를 사랑하시고 또 나를 위해서 당신의 몸을 내어주신 아버지의 아들을 믿는 믿음으로 사는 것입니다갈라디아서 2장 20절."

　　이 선언은 사람과 세상을 향한 바울의 생각과 의식이 혁명적으로 변했음을 보여준다. 예수를 만나기 전 바울의 의식은 린치가 언급한 것처럼 골프공만한 크기였다. 신은 유대인들의 신이었다. 영적 도덕적 관심은 자신과 유대 공동체에만 쏠려 있었다. 그러나 신비로운 경험을 통해 신의 아들 예수를 다마스쿠스로 가는 길에서 만나 쓰러진 바울은 강력한 의식 변화를 경험했다. 신이 사랑하는 공동체는 단지 유대 공동체만이 아니었다. 신이 던진 사랑의 명령은 바울이 속한 종족 공동체 그 이상을 향해 있었다. 인류를 향한 명령이었다. 다마스쿠스 경험을 통해 바울의 신 의식이 팽창하여 세상으로 열렸던 것이다.

나는 21세기를 사는 청년들의 의식도 '개별성the Selfishness and individuality of Ego'과 '종족성Tribal Mentality'의 한계를 뛰어넘어야 한다고 생각한다. 진정한 자아의 목소리를 듣고 소명을 발견한 사람의 의식은 자연스럽게 밖으로 열리게 되어 있다. 그게 의식의 진화 과정이다. 리처드 바랫Richard Barrett도 일곱 개의 의식의 단계를 주장했는데, 의식의 시작은 생존 본능으로 비롯되지만 그것이 성장하면 밖으로 열리면서 궁극적으로는 타아와 세상 그리고 우주로 향할 것이라고 주장했다.

따라서 의식의 끝은 '나'를 넘는 것이다. 예수도 붓다도, 마호메트도, 공자도, 노자도 모두 '나'를 넘었다. 이는 나를 거절한 것이 아니라 사람과 세상 그리고 우주 안에서 나를 발견한 것이다. 나의 육체적 자아 자체를 축으로 경계를 삼고 생겨나는 의식은 내 인생의 반경 내에서만 맴돌지만, 성장하고 팽창하고 경계를 넘는 의식은 세상을 자각하고 품는다. 생존의 문제와 동물적 욕구인 의식주의 문제에만 의식을 몰입하기에는 인간 존재와 인생의 가치가 너무나 넓고 심오하다.

특별히 나는 한국 사회가 오랜 기간 동안 만들어놓은 '생존 성공 증후군'에서 우리의 의식을 해방시켜야 한다고 생각한다. 성공이라는 개념은 타자를 경쟁자로 놓고 세상을 경기장으로 바라보아야만 가능한 의식이다. 만약 어떤 사람이 이처럼 생존과 성공의 틀 안에서만 세상을 보고 세상을 산다면 그의 의식 수준은 원시적 수준을 벗어나지 못했다고 할 수 있다.

의식의 진화론을 주장하는 사상가들은, 의식의 지향점이 개인의 생존과 안녕에만 맞추어져 있는 사람들은 가장 초보적이고 원시적인 수준의 의식을 가지고 있다고 말한다. 물론 우리 중 대다수는 생존과 성공만이 최고의 가치라고 공언하지는 않을 것이다. 그러나 한국 사회는 그것에 이미 길들여져 버렸다. 대한민국이 OCED, G20 국가가 되었고, 국내 총생산으로는 세계 15위, 구매력 평가에 있어 12위나 기록한 경제 강국이 되었지만, 국민들의 행복 지수는 63위에 지나지 않는다. 경제적, 사회적 발전에도 불구하고 사람들의 심리적 박탈감, 불안감의 심각성은 여전하다는 뜻이다.

지금은 세상과 인생을 생존과 경쟁이라는 틀 '밖에서' 볼 수 있는 의식이 필요한 때다. 잘살고 못살고는 결코 객관적으로 수량화될 수 있는 가치가 아니다. 부의 획득은 또 다른 걱정거리를 만들고, 목표 달성은 우리로 하여금 또 다른 목표로 밀어 넣는다. 따라서 물리적 조건에서 안도감과 평화를 찾을 것이 아니라 생각과 감정 그리고 의지를 담은 의식을 돌보아야 한다. 사람은 경쟁 대상이 아니고, 세상은 성공을 다툴 현장이 아니며, 자연은 우리의 정복 대상이 아니다. 어떤 외모를 가졌건, 어떤 능력을 가졌건, 어떤 삶의 환경에 있든 자신이 살고 있는 생명의 가치 그리고 그것에 대한 환희와 열정을 놓쳐서는 안 된다.

헨리 토로우Henry David Thoreau는 진정한 부는 가진 인생을 넉넉히 경험하는 것이라 했다. 살면서 어떠한 사건을 만나고 경험하게 될지 알 수 없다. 그것이 생명의 묘미다. 인생은 그것을 통해 누군가에 보여줄 무엇인가를 쟁취하는 것이 아니라 그냥 자신에게 던져진 소명에 대해 성실히, 묵묵히 살아나가는 것뿐이다.

이 시대의 청년들이여, 내 인생에만 묶여 있는 골프공 크기만 한 의식을 팽창시키고 확장하자. 의식이 내 몸, 내 인생에만 쏠려 있고 묶여 있기 때문에 사는 것이 심오하지도, 위대하지도, 신비롭지도 않은 것이다. 의식을 내 몸에서 타아와 세상과 자연 그리고 보이지 않는 미지의 세계로 넓혀보자. 내 안에 묶여 있던 사고와 감정의 지루함이 흥분과 설렘 그리고 떨림으로 변할 것이다. 내 안에서만 나를 찾지 말고, 타아와 자연의 운동 속에서 나를 찾자. 사람들의 미소 속에 진정한 행복이 스며 있고, 건강한 공동체 속에 평화가 머물고, 아름다운 자연과의 동화 속에 참 인간의 가치와 우주의 의미가 내재한다는 사실을 발견하게 될 것이다.

인문학을 가까이 하라

인문학의 힘과 가치

전 세계적으로 인문학의 위기가 왔다. 최근 리서치 트렌드의 보고에 의하면 세계 각국에서 인문학에 대한 지원이 줄고 있다. 인터내셔널 뉴욕 타임스에 따르면 미국에서도 인문학에 대한 연구 지원금이 2009년부터 계속 감소하고 있다. 2011년에는 인문학 지원 예산이 과학기술 분야 연구개발비 지원의 0.5%에도 미치지 못했고, 2013년에 통과된 인문학 지원 예산은 2010년에 비해 약 3천 만 달러가량 낮게 책정되었다. 그리고 2013년 호주의 토니 애벗 Tony Abbott 정부는 1억 3백만 호주 달러약 995억 원의 인문학 연구지원 자금을 의학 분야로 돌리겠다고 밝혔다. 한편 선진국의 많은 대학들이 인문학과 폐지를 노골적으로 공론화하고 있고 또 그렇게 실행에 옮기고 있다.

나는 인문학의 위기가 사회성을 넘어 인간성의 위기를 가져올 수 있다고 생각한다. 특별히 인문학이 안전지대를 떠나는 청년들에게 사람과 세상, 우주 그리고 보이지 않는 세계까지 품고 헤아릴 줄 아는 기운과 영감을 불어넣기에 그 위기가 더욱 심각하다.

어떤 사람은 인문학의 위기에 대응한답시고 인문학의 경제적 가치를 주장하며 호객행위를 하기도 한다. 그러나 인문학의 경제적 효용가치 때문에 인문학의 필요를 역설하는 것은 '인문학 장사꾼' 논리와 다를 바 없다. 물론 인문학의 경제적 효용가치에 대한 주장이 흥미로운 것은 사실이다. 미국 최고 경영인의 60%가 인문학 전공자이고, 최근 조사에 따르면 인문학 전공자들의 실업률이 컴퓨터 전공자들보다 더 낮고, 장기적 데이터를 보면 인문학 전공자들의 평균 임금이 2천 달러 이상 높은 것으로 조사되었다.

최근 다보스 포럼에서 칼라일 그룹 창업자이자 CEO인 루벤스타인Rubenstein이 지적했듯이 전문직을 위한 지식은 취직 후에 쉽게 습득할 수 있거나 다시 배워야 하는 것과 달리, 인문학에서 집중적으로 가르치는 비판적 사고나 문제해결 능력 그리고 창조적 태도는 직장에서 습득될 수 있는 능력이 아니라는 것이 중요하다.

하지만 인문학이 우리 시대의 청년들에게 줄 수 있는 유익은 경제적 효용가치 이상이다. 대부분의 다른 학문들이 자연과 세상이 작동하는 원리를 저마다의 이해와 관련해 개별적으로 탐구한다면, 인문학은 그 개별적인 작동 원리 너머에 있는 거대 원리에 대해 고민하게 하고 상상하게 만든다. 아울러 자연과 세상이 '어떻게 돌아가는지how it works'에 대한 고민에서 한 발짝 더 나아가 '어떻게 돌아가야 마땅한지how it should work' 하는 가치에 관해 고민을 하게 만든다.

다시 말해, 의미 없이 움직이고 개별적으로 존재하는 것처럼 보이는 자연과 세상에 가치를 부여하고 그것들을 사유를 통해 서로 교통하고 통합하게 함으로써 인간의 삶을 심오하고 풍요롭게 하는 것이 바로 인문학이다. 따라서 나는 청년들이 경제적 가치 너머에 있는 인문학의 참 가치를 보기를 희망한다. 다양한 가치들이 있겠지만 여기서 두 가지 핵심 가치를 소개한다.

자아 성찰과 통시적 안목을 안겨주는 인문학

먼저 인문학은 인간으로 하여금 내면세계로 눈을 돌려 자아를 성찰하게 하고, 자아 안에 존재하는 초월적 욕구와 만나게 한다. 본능과 기초적 인지 능력만으로 살아가는 동물과는 달리 인간은 자신을 객체화할 수 있는 존재다. 자기 스스로를 대상으로 설정하고 이름을 부르며 대화할 수 있는 존재가 인간이다. 곧 관찰자의 입장에서 자신이 가진 감정과 의식 상태를 관찰하고 사유할 수 있는 초월적 능력을 가진 존재가 인간이란 사실이다.

예를 들어 우리는 시詩를 통해 기억과 감정 그리고 생각에 깊게 접근한다. 시는 우리로 하여금 언어를 활용해 사람과 자연 그리고 세상을 마음에 그려 작품이 되게 한다. 이는 언어를 의사소통의 기술로서가 아니라 내면세계를 표현하고 만나게 하는 통로로 사용한다는 것이다. 시는 말의 조합에 불과하지만 내 안에 숨겨진 감정을 발견하게 하기도 하고, 아픈 마음을 치유하기도 하고, 자연과 세상 그리고 인생을 새롭게 감상하고 재고하게도 만든다. 이는 말과 소리 그리고 마음이 만나 인간의 내면을 움직이는 초자연적인 운동이다.

또 우리는 역사를 통해 내 존재, 내 공동체의 공과를 마주하게 됨으로써 현재를 평가하고 미래를 설계하게 된다. 이는 우리로 하여금 인간관계의 패턴을 통찰하고 그로 인해 만들어진 가치를 되새기고, 문제 해결의 실마리를 찾게 만든다. 철학은 끊임없는 질문으로 내 안의 오류를 교정하고 삶과 세상에 대해 새로운 관점과 해답을 찾는다.

종교학은 인류 역사의 시작부터 존재한 종교 행위에 관한 탐구다. 종교는 물리적 법칙과 현실에 자족할 수 없는 내면의 욕구를 분출하기 위한 신비로운 수단이다. 우리는 종교를 통해 삶의 궁극적 이유와 목적을 찾는다. 인간의 삶이 숭고한 목적 없는 우발적 사건이라면 무엇이 잘사는 것인지, 어떻게 살아야 잘사는 것인지, 왜 잘살아야 하는지에 대한 질문의 여지가 없어진다. 우리 인생은 삶과 우주의 도덕적 근원과 근간을 설명하는 종교적 사유 없이는 본능과 적자생존이라는 자연법칙에 충실한 동물의 일생과 다를 바 없어진다.

이처럼 종교학은 각자의 내면을 만족시킬 수 있는 세계관과 인간관을 얻기 위한, 그리고 삶을 심오하게 이해하고 각자에게 맞는 방향타를 설정하기 위한 인류의 끊임없는 노력을 탐구하는 학문이니 만큼 그 가치를 무시할 수 없다.

인문학은 우리로 하여금 폭넓은 식견과 안목을 갖게 한다. 이는 공간적인 의미인 동시에 시간적인 의미이기도 하다. 공간적으로는 인문학이 개인적 생존과 안녕을 위한 기술과 지식을 넘어 더욱 넓은 공동체의 의미와 가치를 발견하게 만든다.

20세기 초 프린스턴 대학에 국제관계학 학교가 처음 세워졌을 때 설립자인 드윗 클린튼 풀DeWit Clinton Poole의 철학을 보면 이러한 인문학의 통합적 거대 가치가 잘 드러나 있다. 그는 학교를 세우면서 학생들의 교육을 경제적 지식이나 전문직에 필요한 소양에 초점을 맞추기보다 학생 개개인들이 세계 공동체를 품을 수 있을 만큼 폭넓은 문화를 경험하고 배우기를 희망했다. 실제로 풀은 커리큘럼에서 사회과학과 인문학의 균형을 맞추기 위해 노력했다. 학생들이 다른 언어, 다른 문화, 다른 역사, 다른 종교를 공부함으로써 간접적으로 그들의 삶과 만날 수 있을 것이라고 기대했다.

디지털 혁명과 빨라진 운송수단은 이미 모든 종류의 공동체를 근접하게 만들었다. 국경 없이 교통하고 소통하게 만든 인터넷 문화는 인간관계를 혁명적으로 넓혔다. 그리고 다른 문명에 사는 사람들의 삶과 가치를 배우게 하는 통로가 바로 인문학인 것이다.

시간적으로 인문학은 통시적 안목을 부여한다. 우리는 종교나 역사, 문학을 통해 과거로 돌아가 흥미로운 이야기를 듣는다. 신에 관한 이야기, 전쟁에 관한 이야기, 사랑에 관한 이야기를 비롯해 시간을 초월해 다양한 삶의 현상을 접한다. 신의 이야기는 우리로 하여금 우주의 근원에 관해 고민하게 하고 인간 존재의 나약함을 느끼게 만든다. 옛 공동체의 이야기는 선조가 경험한 시행착오를 되새기게 하고, 인간사와 감정의 세계를 언어로 풀어내는 문학은 우리 삶을 관찰하고 음미할 수 있는 객체로 만들어 스스로를 평가하고, 반성하고 또 즐길 수 있게 만든다.

그래서인지 인문학의 진정한 가치는 과학 또는 사회적 기술이 줄 수 있는 즉각적 유용성이 아니다. 그 가치가 다른 기술과 지식처럼 즉시 드러나지는 않지만 그 효과는 분명하고 실재적이다. 이것은 1937년 프린스턴 대학에서 '선진 학문 분과The Institute for Advanced Studies'를 만든 아브라함 플렉스의 주장에서 잘 표현됐다.

그는 「무용한 지식의 유용성the Usefulness of Useless Knowledge」이라는 글에서 인문학처럼 즉각적 유용성을 주지 않는 학문의 가치를 역설했다. 그는 오늘날 우리가 즐기고 경험하는 대부분의 발견들은 유용한 것만을 찾고 개발하기 위해 노력한 사람들에 의해서가 아니라, 자신들의 호기심을 채우기 위해 끊임없이 노력하는 사람들에 의해 이루어졌다고 주장했다.

인간의 내면 깊은 곳을 탐구하고 삶에 관한 거대 질문을 하며, 만나는 사람을 깊게 이해하고, 세상과 우주를 향한 우리의 시선과 관점을 넓히게 만드는 것이 인문학이다. 그래서 인문학이 가져다줄 수 있는 경제적 효과는 인문학적 소양의 결과물일 뿐이지 목적이 되어서는 안 된다. 인문학이 이 시대의 청년들에게 줄 수 있는 유익은 '어떻게 삶을 성공적으로 살 수 있느냐'라는 방법론을 제공하는 것이 아니라 인생과 세상을 풍요롭게 살 여유와 안목을 제공하는 것이다.

열린 마음을 가져라

어제는 옳았으나 오늘은 틀릴 수 있다

신세계를 예비하고 그것을 향해 달리는 청년들에게 열린 마음은 선택이 아니라 시대적 요청이다. 열린 마음은 창조적 인간의 본성과 상통한다. 사람을 향해, 세상과 자연을 향해 그리고 보이지 않지만 실재하는 미지의 힘을 향한 열린 생각, 열린 마음, 열린 영성은 인간이 가진 본질적인 욕구이자 내면적 요청이기도 하다. 다시 말해 끊임없이 새로운 것을 찾고 시도하는 인간의 창조적 욕구와, 끊임없이 이웃과 교통하고 소통하며 삶의 의미를 찾는 사회적 욕구는 가장 신비로운 인간 본성이다.

혁명적으로 발전해온 근대화와 산업화 그리고 세계화는 나라 간, 개인 간 경계선을 점점 모호하게 만들었다. 인간에게 서로 교통하고 소통하려는 욕구와 의지가 없었다면 문명 자체를 창조하지 못했을 것이다. 특별히 우리 사회의 창조적 주체인 청년들에게 열린 마음은 절대 놓치지 말아야 할 덕목이다.

열린 마음은 사회적 교통이라는 거울을 통해 자신을 반성하게 하고 평가하게 할 뿐 아니라, 밖으로부터 다양한 사고와 기술 그리고 덕을 경험하고 수용함으로써 끊임없이 성장할 수 있게 만든다. 열린 마음을 갖는다는 것은 이를 통해 자신의 생각을 수정하거나 포기할 수 있고, 또는 자신의 생각을 확장할 수도 있다는 말이다. 이는 내가 내 안에 변화에 대한 필요를 인정하고 의지를 가지고 있다는 징후이기도 하다. 타인의 생각과 가치에 대해 막연하게 존중하기보다 내 삶의 성장과 변화의 필요성을 과감하게 인정하는 것이고, 세상 특히 인간의 사고와 가치가 끊임없이 변화하고 필요에 따라 변화해야 한다는 사실을 진지하게 받아들이는 태도다.

열린 마음은 우리로 하여금 새로운 기회를 갖게 만들고, 스스로 눌러앉은 안전지대에서 빠져나오게 할뿐 아니라, '나는 할 수 없다'보다 '나는 할 수 있다'라는 자신감을 갖게 만든다. 그러나 이 열린 마음은 겸손함에서 시작된다. 내가 신이 아닌 이상 내 생각과 주장 그리고 가치에는 오류가 있을 수 있다는 자각이 전제되어야 한다.

열린 마음을 갖는 데 필요한 다섯 가지 지침

어제는 옳았으나 오늘은 틀릴 수 있다. 우리는 우리가 가진 가치와 주장이 살아 움직이는 자연적, 사회적 환경 속에서 끊임없이 다듬어질 때 더욱 지혜롭고 성숙한 삶을 누릴 수 있다. 여기서 열린 마음을 갖는 데 필요한 다섯 가지 지침을 제시해보고 싶다.

첫째, 열린 마음을 갖는다는 것이 아무 생각이나 무작위로 수용해도 된다는 과도한 상대주의relativism나, 절대가치나 기준 자체가 존재하지 않는다는 회의주의skepticism가 아니라는 사실을 분명히 하고 싶다. 물론 이것은 증거를 토대로 이성의 검증을 거치고 또 이성의 기준에서 납득이 가고 설득력 있는 사고나 주장에 대해서는 과감하게 그 가치를 인정해야 한다는 것을 뜻하지, 개별적인 상황과 조건을 초월하는 우주적이고 일반적인 진리 자체가 존재하지 않는다는 말은 아니다.

둘째, 문제의 핵심을 놓치지 않기 위해 균형 있고 공정한 판단을 막는 요소에 대해서는 철저히 경계해야 한다. 주로 개인적 감정 또는 개인이 속한 집단적 의견이나 이해가 그러한 장애가 될 수 있다.

내가 싫어하는 사람의 의견을 듣고 싶지 않고, 내가 속한 조직의 이해에 상충하는 주장을 멀리하려는 것은 자연스러운 현상이다. 하지만 이런 태도가 순간의 감정적 안정이나 당장의 이익을 가져올지는 모르지만 궁극적으로 개인이나 집단에 해가 될 수밖에 없다. 왜냐하면 닫힌 마음은 새롭고 좋은 생각을 막을 뿐 아니라 자신이 가진 문제에 관해 둔감하게 만들기 때문이다. 그래서 자아 성찰이나 비판이 없는 삶은 언제 쓸려갈지도 모를 바닷가의 모래성과 같고, 비판적 소리가 없는 조직은 죽음이 임박했으나 자각증세가 없는 암 환자와 다를 바 없다.

특별히 자아ego가 자신의 주장 또는 생각과 일체화되면 열린 마음을 갖기 쉽지 않고 감정에 휘둘리는 경우가 빈번하다. 자신이 가진 지식에 과도하게 몰입하고 집착하게 되면 자아를 지식 그 자체와 동일시identification하는 잘못을 범할 수 있다는 말이다. 에카르트 톨레이Eckhart Tolle가 이를 흥미로운 예로 설명한다.

"만약 당신이 '빛이 소리보다 빠르다'라는 지식을 가지고 있다고 치자. 그리고 또 다른 이는 '소리가 빛보다 빠르다'라는 생각을 가질 수 있다. 당신이 단순히 빛이 소리보다 빠르다고 이야기할 때는 어떤 감정도 이입할 필요가 없다. 그것이 과학적 사실이고 또 당신 스스로도 그것을 잘 알고 있기 때문이다. 그것이 감정의 문제나 개인적 관점의 문제가 아니라는 사실을 당신 스스로가 잘 알고 있기 때문에 이에 도전하는 이견이 있다 할지라도 흥분할 이유가 없는 것이다. 그러나 만일 당신이 '내 말을 믿어, 빛이 소리보다 빠르다니까!'라고 이야기한다면 객관적 주장과는 별개로 '나'라고 하는 자아를 불러들이고 있다는 것이다. '나'라는 존재가 단지 한 가지 주장을 말하는 화자의 지위를 넘어 주장 자체와 합치되어 버린다. 이 주장을 받아들이지 않으면 주장 자체에 대한 의문을 넘어 '나'를 신뢰하지 않는 것으로 받아들인다는 사실이다."Tolle Eckhart,

A New Earth Awakening to Your Life's Purpose, A Plum Book Spirituality : New York, 2005. p.68.

우리는 논쟁을 통해 사람들이 넘어지고 상처받는 일을 자주 보곤 한다. 자신의 주장을 받아들이지 않는 사람들에게 적대감을 느끼고, 또 자신의 주장이 틀렸다고 평가될 때 좌절감에 스스로를 학대한다. 그러나 열린 마음을 가진다는 것은 생각과 주장 그리고 지식의 소통에 '자아'와 그 감정을 결부시키지 않는 것이다.

셋째, 자신이 경험하지 못한 일, 또는 미숙한 분야에 관해서는 적극적으로 전문가들의 의견을 찾고 배우려고 하는 자세가 필요하다. 내가 모든 것에 능통할 수 없고 또 그럴 필요도 없는 것이 세상사다. 타인이 가진 전문 지식과 경험을 내 필요에 맞게 얼마나 잘 활용할 수 있는지가 성공의 관건이다. 다재다능하기보다 하나에 열정과 재능을 쏟고, 다른 것들에는 타인의 지혜로운 자문과 효과적인 도움을 적시에 찾고 구하는 자가 되는 것이 좋다.

넷째, 자신의 사고와 주장 그리고 지식을 끊임없이 평가하고 개선할 자기반성의 구체적인 절차와 노하우를 유지해야 한다. 특정 생각과 가치를 내가 지금껏 문제없이 가지고 살았으니 앞으로도 그게 옳을 것이고 최선일 것이라고 믿고 산다면 안이한 생각이다.

생각과 가치는 시간과 공간 그리고 물리적, 감정적 조건의

추이에 따라 변한다. 절대적인 것이 아니라는 것이다. 남편이 죽으면 아내와 노예까지 함께 묻었던 힌두교 전통, 유대인이 독일 쇠락의 원인이고 아리안족인 자신들이 세상을 지배해야 한다는 히틀러와 나치의 주장, 여자는 남자의 재산의 일부일 뿐이라는 가부장적 아랍 사고, 흑인은 열등하다는 인종차별 따위의 도덕적, 정치적 판단은 시대의 퇴물이 되었다. 옳고 그른 것에 관한 도덕관념 자체가 영원할 뿐이지, '무엇이' 옳고 그르냐는 특정 시간과 공간에 속한 사람들의 판단에 불과하다.

　　인종차별이 당연시되던 1950년 이전의 미국 사회를 보라. 대다수의 미국 시민들 그리고 그리스도교 교회조차 인종차별을 옳다고 생각했다. 그때의 사람들도 인간 평등의 사상을 이해하고 인정했지만 흑인을 동등하게 생각하고 그들의 권리를 인정하는 것은 받아들일 수 없었다. 당시 흑인 신학자 제임스 콘James Cone은 대다수의 미국 백인 교회들이 노예제를 신성한 것으로 인정했고, 그 제도의 토대가 성경에 있다고 믿는다고 했다. 그러나 오늘날 미국의 어떤 교회도 노예제도를 신학적으로 또 도덕적으로 정당화하지 않는다. 도덕 자체는 영구하지만 그것의 구현 방식은 변한다는 사실을 보여주고 있다.

　　다섯째, 열린 마음을 가진다는 것은 상대방의 말에 진심으로 귀를 기울인다는 것이다. 배울 의지나 의도 없는 형식적 들음에서는 배움이 발생하지 않는다. 내가 마음이 열려 있다는 말은 내 안에 필요하다면 나를 변화시킬 의지가 있다는 태도를 말한다. 지성과 감성만 연 것이 아니라 내 몸의 변화를 이끌 수 있는 마음의 준비가 되었다는 말이다.

시대의 청년이 열린 마음 없이 특정 사고나 습관 그리고 가치에 무조건적으로 충성한다면 공동체의 미래는 밝지 않다. 청년은 사람과 사회와 교통하는 데 있어 열려 있어야 하고, 때로는 그에 대한 판단을 미루어야suspend 할 때도 있다. 전통의 겉모양을 지키는 데 급급하기보다는 그 가치와 정신을 전승하는 데 노력해야 한다.

사람 또는 특정 조직에 대한 의리나 충성 때문에 그들이 수용한 일련의 가치체계를 무조건적으로 받아들이기보다는 비판적 사고를 가진 구성인이 되는 것이 더 유익하다. 정치적 운동을 하더라도 정치를 즐기고, 그것에 노예가 되기보다 그것을 통해 세울 정의에 더 목말라 해야 한다.

열린 마음을 가지면 현실이 더 선명하게 보이는 법이다. 마음을 열었을 때 나의 한계, 내 조직의 한계, 내 사회의 한계, 내 조국의 한계, 내 세상의 한계가 보인다.

비판적으로 사고하라

주체적 인간으로 살기 위한 필수 기술

부모의 품을 떠나 스스로 서기 시작하고 새로운 시대를 열어야 하는 청년에게는 세상과 삶을 바라보는 안목과 식견이 뭔가 달라도 달라야 한다. 청년의 시기는 유년기와 청소년기에 가족과 사회로부터 전달받고 주입받은 지식의 유용성이나 가치를 스스로 평가, 조정하고, 필요하다면 신지식을 창조해야 할 시기다.

　　스스로 원했든 원하지 않았든 세상을 향해 던져진 청년은 독립된 사고와 판단을 하게 되고, 이 과정을 통해 과거에 막연히 옳다고 생각했던 지식이나 가치들의 실체를 몸으로 경험하게 되고 평가하게 된다. 사회로부터 받은 지식의 효능과 가치를 스스로 냉정하게 평가하고 내면화할 수 있는 청년은 앞으로의 여생을 '줏대' 있고 평화롭게 살 것이고, 그렇지 못한 청년은 공동체라는 기계가 필요로 하는 성공적인 부품은 될 수 있을지 모르지만 인생의 저자로서의 자존감과 안도감은 누리지 못할 것이다.

　　세상과 삶을 투명하게 이해하고, 그로부터 발생하는 문제들을 지혜롭게 해결하는 주체적 인간이 되기 위해 꼭 필요한 기술 중 하나는 비판적 사고를 할 수 있는 힘이다. 크리스토퍼 히친스 Christopher Hitchens는 독립된 사고를 갖기 위해 필요한 가장 핵심적인 요소는 '무엇을 생각하느냐what to think'가 아니라 '어떻게 생각하느냐how to think'라고 했고, 아리스토텔레스는 어떤 사고를 받아들이기 전에 그것을 자유자재로 가지고 놀 수 있는 사람이 진정한 현자라고 했다.

비판적 사고는 사회나 남에게 꼭 필요한 사람이 되기 위한 기술이나 덕목이 아니라, 세상을 향해 그리고 세상 속에서 스스로 책임 있고 확신에 찬 인생을 살기 위한 개인의 필수적 도구다. 비판적 사고는 사람과 인생 그리고 세상을 다양한 팩트와 지식을 활용해 최대한 이성적이고 합리적이며 객관적인 평가를 가능하게 한다. 그리고 그로부터 발생하는 문제들을 효과적이고 정의롭고 공정하게 대처하게 만든다. 이는 다양한 생각들의 논리적 관계를 통찰하게 하고, 주장이나 이론을 만들고 평가하게 한다. 또한 제기된 주장의 결점이나 모순을 신속하게 발견하고, 드러난 문제를 체계적으로 해결하게 돕는다.

이러한 비판적 사고는 광대하고 복잡한 세상에 스스로 서고, 다양한 문제와 고민의 숲을 헤치고 싸워 나가야 할 청년에게는 인생의 창과 방패인 동시에 올바른 방향을 제시하는 나침반이기도 하다.

비판적 사고의 5단계,
‖‖‖‖‖‖‖‖‖‖‖‖‖‖‖‖‖‖‖‖‖‖‖‖‖‖‖‖‖‖‖‖‖
엑사ECSHA
‖‖‖‖‖‖‖‖‖‖‖‖‖‖‖‖‖‖‖‖‖‖‖‖‖‖

다양한 절차와 방법들이 있겠지만 내가 생각하는 비판적 사고의 핵심 요소는 엑사ECSHA:Exclusion of Emotion, Comprehension, Synthesis, (being) Hypothetical, and Application로 요약될 수 있다고 생각한다.

비판적 사고를 위한 가장 중요한 첫 스텝은 감정의 배제 Exclusion of Emotion다. 세상을 감정이 아니라 이성으로 접근한다는 말이다. 물론 세상에 대해 어떤 마음가짐을 가지고 또 어떻게 살아나갈 것이냐 하는 의지의 문제에 관해서는 감정의 역할도 중요하지만, 세상을 정확하게 이해하고 평가하기 위해서는 감정이 배제되어야 한다. 왜냐하면 현상을 객관적으로 평가한다는 것은 좋은가 나쁜가 하는 가치의 문제에 앞서 평가 대상이 무엇이고, 그것이 어떻게 작동하느냐 하는 팩트의 문제를 다루기 때문이다.

그러나 우리는 자연현상을 이해하고 평가하는 데는 자유자재로 이성을 활용하는데 익숙하지만 사회적인 문제나 인생의 문제에 관해서는 감정에 쉽게 동요된다. 특별히 피 끓는 청년에게 있어 감정은 외부 자극에 대한 단순한 생리학적 반응으로 그치는 것이 아니라 그것을 평가하고, 자신의 의지를 특정 방향으로 움직이기 위한 동력으로 작용하기도 한다.

우리는 감정에 따라 움직일 때 일시적 만족감 또는 행복감을 느낄 수 있지만 반면에 더 큰 무엇을 잃을 수도 있다는 사실을 깨달아야 한다. 재미있는 예로 육체를 극한의 수준까지 활용하는 스포츠인들을 생각해보자. 체조든 펜싱이든 또는 마라톤이든 스포츠에 대한 열정을 가지고 즐길 수 있어야 좋은 성적이 나오는 것은 당연하다. 민첩하고 노련한 육체적 움직임과 동시에 다양한 감정들의 활용이 긍정적 효과를 가져 오기 때문이다. 그러나 전문가들은 스포츠 행위에서조차 감정의 유입이나 동요가 선수들로 하여금 최고의 기록을 내는 데 부정적으로 작용할 수 있다고 말한다.

연구에 따르면 우리 머리에 감정의 폭이 넓어질수록 비판적 사고가 현저히 줄어든다고 하는데, 감정에 휘둘리다 보면 이성을 놓쳐 초점을 잃고, 그로 인해 밀려오는 급격한 신체 변화가 외부 자극에 대해 잘못된 선택이나 반응을 할 수 있다는 것이다. 2006년 토리노 동계 올림픽에서 린시 제코벨리Lindsey Jacobellis가 결승선을 앞두고 범한 어처구니없는 실수가 좋은 예다.

미국 선수인 린시는 스노보드 크로스snowboard cross 경기 결승전에서 마지막 결선 라인 바로 앞에서 점프를 실수해 뒤따라오던 스위스 선수 탄자 프리던Tanja Frieden에게 발목을 잡혀 우승을 놓쳤다. 점프 실수의 원인은 감정이었다. 우승을 코앞에 두고 너무 흥분했던 린시는 관중들과 기쁨을 나누고 즐기고 싶었다. 그래서 불필요한 메토드 그랩method grab이라는 점프를 해 멋을 내려다 넘어지고 말았던 것이다. 경기 후 인터뷰에서 린시는 스노보드가 재미있어 너무 즐긴 나머지 어처구니없는 실수를 했다고 털어놓았다. 감정을 타다 보면 순간을 즐길 수는 있겠지만 사물이나 상황을 정확하게 관찰하고 대처하는 데는 장애가 될 수 있다는 것이다.

마찬가지로 사회, 정치적 이슈를 이해하고 대처하는 데 있어서도 감정은 독약이 될 수 있다. 감정은 사람으로 하여금 보고 싶은 것만 보게 하고, 그로 인해 이미 내려진 판단을 평가하고 돌이키는 데 심각한 장애를 일으킬 수 있다. 감정에 휩싸이면 정의를 이루어야 할 정치 마당이 사람들의 한을 푸는 굿판으로 전락할 수 있다.

두 차례나 세계대전의 한복판에 있었던 독일 국민들은 감정에 호소하는 히틀러의 정치에 놀아났다. 특히 1차 세계대전 패전의 아픔을 경험하고 있던 독일 국민들에게 있어 독일과 독일인의 이해interest와 자존감에 호소하는 히틀러의 정치 선동은 구원자적 메시지로 다가왔다.

베르사유 조약에 의한 경제제재 조치와 함께 몰아친 경제공황은 독일인들로 하여금 최악의 빈곤을 경험하게 했고, 공군을 금지하는 등의 군사력 축소와 오스트리아, 폴란드, 체코 등의 영토 박탈은 외세에 대한 저항감을 극대화했다. 더 이상 빠져나갈 곳 없이 궁지에 몰린 독일인들은 자신의 처지와 세상을 이성적으로 보는 능력을 상실해버렸다. 비판적 사고 능력을 잃어버렸던 것이다.

독일인들은 독일과 자기 스스로를 동일시하면서 모든 국민의 삶을 가난에서 벗어나게 해주겠다는 히틀러의 약속을 머리로 판단하기보다 가슴으로 받아들였다. 분노나 절망에 휩싸인 독일인들은 당시 히틀러의 주장이 도덕적으로 정당한지, 경제적으로 실현과 지속이 가능한지, 그리고 사회적으로 용납될 수 있는 방법인지 등의 논리적인 사고를 할 여력이 없었다.

자기 반성적, 자기 비판적 사고를 상실한 독일인들이 세상에 준 피해는 실로 천문학적이었다. 2차 세계대전으로 총 6천만 명 이상이 희생되었는데 이것은 당시 세계 인구의 2.5%에 달하는 숫자였다. 그 가운데서 5천만 명은 무고한 시민이었고, 독일 유대인의 78%가 홀로코스트에 희생되었다. 오늘날의 가치로 환산하면 11조 달러라는 엄청난 경제적 피해를 야기했다. 감정에 동요된 정치적 판단이나 사고의 피해가 얼마나 클 수 있는지를 보여주는 가장 좋은 사례라고 할 수 있다.

일단 감정을 배제했으면 논리적이고 합리적으로 세상을 이해Comprehension하는 데 주력해야 한다. 이것이 두 번째 단계이다. 사물과 현상을 정확하고 객관적으로 이해하기 위해서는 '지식'이 선재되어야 한다. 대상에 대한 기본적인 지식을 갖지 않고 비판적 사고를 한다는 것은 어불성설이다.

예를 들어, 한 정당에서 내세운 정책을 비판적 관점으로 이해하고 그 가치를 평가하길 원한다면 그 정책이 다루는 주제에 관한 기본적인 지식을 가지고 있어야 한다. 마찬가지로 토론 강의에 던져진 주제를 남들보다 더 객관적으로 이해하고, 그 주제에 대해 더욱 설득력 있고 합리적인 의견을 제시하기 위해서는 해당 주제에 대한 기초 지식이 필요하다. 주어진 주제에 관한 배경지식 또는 전문지식 없이 그것을 이해하고 평가한다는 것 자체가 불가능하다는 말이다.

이러한 이해comprehension는 대상에 관한 기본적 정보를 보유함과 동시에 그 정보를 분석적으로 이해할 수 있는 능력도 동반되어야 가능하다. 넘쳐나는 정보의 홍수 속에서 자신이 다루고 있는 이슈와 직간접적으로 관련 있는 정보를 정확하게 찾아내어 개별적으로 분석하는 능력이 있어야 정보 수집의 의미가 있다는 말이다.

그러나 비판적 사고의 최종 가치는 이러한 기초적, 개별적 지식에 관한 습득이나 분석으로 끝나지 않는다. 종합화Synthesis를 통해 비록 논의 대상과 직접적으로 관련이 없어 보이지만 더욱 넓고 깊은 이해를 위해 필요한 추가 정보나 지식을 수집하고 기존 지식과 융합하는 과정을 거쳐야 한다. 이것이 세 번째 단계이다.

비판적 사고의 완성은
열린 마음

하지만 이러한 비판적 사고는 감정을 배제한 이성적 이해와 분석 그리고 종합적 사고 능력만으로는 부족하다. 여기에 덧붙여 필요한 것이 열린 마음이다. 열린 마음이라는 것은 자신이 세운 이론이나 확신을 가진 믿음을 가설적hypothetical인 것으로 생각해야 한다는 것을 말한다. 이것이 네 번째 단계이다.

가설적이라는 것은 내 생각이 언제든지 틀릴 수 있다는 것이다. 앞에서 '오늘은 맞지만 내일은 틀릴 수 있다'는 생각을 가지고 있어야 한다고 했다. 삼라만상은 끊임없이 변화하고 그것들을 바라보는 시야는 복잡하고 다양하다. 그러므로 내 생각과 이론과 주장만이 보편적 진리여야 한다고 믿는 것은 교만일 수밖에 없다. 아무리 확고한 이론을 세웠다 해도 새로운 요인들이 발견되거나 발생하면 그것의 가치나 실효는 상실될 수 있다. 이는 과학적 태도와 동일하다. 세상의 어떠한 과학적 주장이나 이론도 영원한 것은 없다. 끊임없이 새롭고 더욱 설득력 있는 이론들이 수립되어 옛 이론들을 대체한다.

실제로 가설적이라는 말은 일시적이며, 대체 가능하고 제한적이라는 말이다. 따라서 자신의 판단을 가설적이라고 생각하면 다른 생각을 가진 사람들과의 소통이 원만해 질 수 밖에 없다. 이처럼 열린 마음으로 얻는 넓고 깊은 이해와 분석력이 또 다른 상황이나 조건 속에서 획득된 지식을 적용Application 할 수 있을 때 비로소 비판적 사고는 완성된다고 할 수 있다. 이것이 다섯 번째 단계이다.

결론적으로 나는 엑사ECSHA라고 칭한 비판적 사고가 세상으로부터 치열하게 도전 받는 청년의 시기에 가장 필요한 삶의 기술 중 하나라고 생각한다. 무엇보다 청년의 시기는 스스로 일어서는 때이므로 남이 내린 판단에만 기대고 기다려서는 안 된다.

위대한 청년기를 보낸 수많은 위인들을 만든 것은 그들의 특별한 신체 능력이나 가계, 혈통이 아니라 스스로 세상을 명료하고 정확하게 이해하길 원했던 그들의 비판적 사고였다. 중세 신학의 기초를 닦았던 토마스 아퀴나스Thomas Aquinas를 위대하게 만든 것은 믿음과 신념을 과학과 이성의 토대 위에 올려놓고자 한 그의 창의적 발상이었다. 소크라테스와 플라톤, 아리스토텔레스 그리고 당대의 여러 그리스 회의주의자들로 하여금 그리스의 지성을 높은 수준으로 끌어올린 요인은 사물이 겉으로 보이는 것과 다르고 오직 훈련된 마음만이 본질을 통찰할 수 있다며 끊임없이 비판적으로 생각한 결과였다. 15~16세기 인류가 위대한 르네상스를 맞이한 것도 종교와 사회, 예술, 인간의 본성, 법 그리고 자유 같은 삶의 중대한 영역과 주제가 비판과 분석을 통해 재정립되어야 한다는 집단적인 영감이 있었기 때문이다.

마찬가지로 프란시스 베이컨을 위대한 경험 철학의 아버지로 만든 것은, 전통이나 관습 또는 권위에 의해 주입받은 모든 종류의 세상 지식이 이성과 경험에 의해 철저히 검증되어야 한다는 그의 비판적 사고였다. 그는 『학문의 진보The Advancement of Learning』라는 책에서 우리가 다섯 가지의 우상에 사로잡혀 진실과 진리를 보지 못하고 있다고 주장하며 독립적이고 비판적 사고를 가질 것을 주장했다.

그가 말한 첫 번째 우상은 '종족의 우상Idols of the Tribe'인데, 이는 인간이 종species으로서 가진 능력의 한계 때문에 야기되는 문제다. 인간의 인지와 감각 능력이 제한되어 있기 때문에 사물과 현상을 정확히 이해하는 것이 쉽지 않다는 것이다. 우리가 단지 눈에 보이고 만져지고 느껴지는 감각만을 통해서 세상을 이해하고 판단한다면 큰 오류에 빠질 수 있다는 뜻이다.

두 번째 우상은 '동굴의 우상Idols of the Cave'이다. 각 개인들이 가진 신념이나 믿음 또는 교리, 이론들을 말한다. 이들은 이성적으로 뒷받침할 수 있는 증거는 없지만 교육과 전통 그리고 습관적으로 주입된 것들이다. 세 번째 우상은 '시장의 우상Idols of the Market'인데, 대중이 만들어내고 인정한 말이나 개념 그리고 생각을 진리로 간주하는 것을 말한다. 네 번째 우상은 '극장의 우상Idols of the Theatre'으로서 전통적 철학 체계가 만들어낸 허구적인 주장으로 경험이나 실험으로 증명되지 않은 사고나 편견을 말한다.

마지막으로 베이컨은 '학교의 우상Idols of the School'을 지적하는데, 학교라는 권위가 사람들로 하여금 그로부터 나오는 지식들을 무작위로 수용하게 하고 잘못된 가르침이 세상을 곡해할 수 있다고 지적했다.

나는 세상에 대한 가장 안전한 이해는 스스로 질문하고, 생각하고, 분석하고, 종합하고 또 그렇게 적용하는 비판적 사고로부터 나온다고 믿는다. 이는 이성과 경험에 기초한 사유 행위다. 비판적 사고가 인생과 우주의 궁극적 신비를 풀 수 있는 유일한 열쇠는 아닐지라도 적어도 물리적 현실에 적응하고 살아가는 우리에게 가장 필수적인 도구임에는 틀림없다.

지식을 넘어 초지식으로

인간의 삶은 1+1=2가 아니다

청년은 배움의 시기다. 유년기와 청소년기에 학교를 통해 얻는 지식이 세상에 대한 간접적인 가르침이라면, 청년의 지식은 삶에서 직접 부대끼며 배우는 경험적이고 실질적인 것이다. 특별히 스스로 경험해서 얻은 지식은 머리의 생각으로만 머물지 않는다. 그것은 사람의 말과 행동 그리고 습관까지 변화시킬 수 있는 힘을 가지고 있다. 삶을 용이하고 안전하게 만들 수 있는 지식, 부를 가져올 수 있는 지식 모두가 필요하지만, 청년은 삶의 기술만을 위한 지식 그 이상을 추구해야 한다.

샌드라 캐리Sandra Carey는 '지식은 사람으로 하여금 생계를 유지하게 하지만, 지혜는 삶을 누리고 살게 만든다'고 했다. 이렇듯 지식의 다양성을 통찰해 인간 삶의 가장 근원적인 요구까지 충족시킬 수 있는 지혜가 있어야 한다. 그러나 엄밀히 따지면 지혜는 추구해야 할 대상이 아니다. 지혜는 지식의 축척과 진화가 삶의 다양한 환경에서 자연스럽게 피워 낼 향기와 같다.

지식이 끊임없이 변화하는 물리적 환경에서 살아나가는 인간으로 하여금 효과적인 이해 능력과 적응 능력 그리고 생존능력을 가져다준다면, 지혜는 그 세 가지 능력 너머, 어떻게 의미 있고, 가치 있고, 행복한 삶을 살 수 있는지에 관해 고민하고 행동하게 한다.

　다시 말해 지식이 '그것은 무엇인가?', '그것은 어떻게 돌아가는가?'라는 질문을 다룬다면, 지혜는 '그것은 어떠해야 하는가?' 그리고 '나는 그것을 어떻게 다루어야 하는가?'라는 가치를 형성하고 행동으로 옮기게 만든다. 세상을 읽고 이해할 수 있는 능력과 함께 그것을 평가하고 조정할 수 있는 광범위한 능력이 우리에게 있다는 말이다. 염두해야 할 것은 동물들도 사람처럼 세상을 인지하고, 판단하고, 습득한 경험을 행동으로 옮긴다는 사실이다. 그러므로 동물보다 뛰어난 인간은 행복하고 가치 있는 삶을 위해 획득한 지식을 어떻게 적용하고 활용해야 할지를 안내할 지혜를 소유해야 한다.

　지혜가 무슨 의미인지 정확하게 이해하기 위해서는 다차원적인 지식의 본질에 먼저 접근해야 한다. 왜냐하면 지혜는 지식의 그림자와 같기 때문이다. 지식은 직접적으로 보고 만질 수 있는 실체를 대상으로 하지만, 지혜는 그 축적된 지식과 함께 등장하고 성장하는 동반자다. 바로 그 그림자가 실체를 실체가 되게 증거한다는 말이다. 아무리 많은 지식을 소유하고 있다 해도 그것을 지혜로 승화시키지 못하면 가치와 의미를 먹고 살아가는 인간에게는 영양부족 상태와 다를 바 없다. 그러므로 온전한 인간이 되기 위해서는 지식을 완성시켜 지혜로 만들어야 한다.

인간이 소유한
세 가지 종류의 지식

인간이 소유하고 있는 지식은 세 가지 종류로 이해할 수 있는데 그 첫 두 가지는 동물도 가지고 있는 것들이다. 첫 번째 지식은 감각적 경험으로부터 오는 정보다. 눈으로 보고, 귀로 듣고, 코로 맡고, 입으로 맛보며 얻을 수 있는 수준의 지식이다. 우리는 이 감각적 경험을 통해 외부 자극과 자연 현상을 인지하고 느낀다. 이 지식은 관찰 대상의 물리적 현상에 대한 1차적 정보를 제공한다.

예를 들어 우리는 감각 능력을 통해 들에 핀 장미의 모양과 색깔 그리고 향기에 관한 정보를 제공받는다. 외부의 정보를 지각과 감각으로 감지하는 행위는 지식의 기초가 된다. 장미가 보내는 외부적 자극을 인지하고 두뇌로 보내진 정보가 기초적인 지식이 된다는 말이다. 그러나 이 감각에 의해 형성된 지식 또는 정보는 동물도 동일하게 갖고 있다. 오감을 소유한 종이 인간만이 아니지 않는가?

두 번째 종류의 지식은 이성적, 분석적 사유 능력에서 오는 지식이다. 단순 감각으로 전달받은 정보를 이해와 분석을 통해 새롭게 정리한 지식이다. 예를 들어 붉은 장미라는 외부적 자극은 감각에 의해 냄새와 모양 그리고 색깔의 정보만을 전달하지만 우리는 이 자극을 생각과 기억의 연산을 통해 그것이 어떤 물건인지를 찾아내고 분류한다. 이러한 지식은 다양한 수준으로 존재하지만 동물에게도 발견된다. 사물을 인지하고 높은 수준에서 판단하고 대응하는 모습이 다른 고등 동물에게도 발견된다는 말이다.

예를 들어 돌고래 같은 동물은 몸에 비례에 사람 다음으로 큰 뇌를 가지고 있는데, 청백 돌고래 같은 경우는 큰 대뇌 피질과 신 피질로 말미암아 사람 다음으로 뛰어난 인지능력을 갖게 되었다. 게다가 거울을 통해 자신의 몸의 다양한 부분을 관찰할 수 있는 자의식도 가지고 있고, 미래도 생각할 수 있는 능력이 있다고 알려져 있다. 사람과 가장 유사한 종으로 분류되는 침팬지 또한 자의식을 가지고 있을 뿐 아니라, 간단한 형태지만 도구도 사용할 수 있고 힘을 합쳐 사냥하고 문제를 해결할 사회적 능력을 가지고 있다. 동물도 낮은 수준이지만 외부 자극을 이해하고, 기억하고, 그에 대한 합리적인 반응을 할 수 있다는 말이다. 곧 사물을 인지하고 효과적으로 반응하는 능력은 수준의 차이만 존재할 뿐이지 동물로부터 인간이란 종을 특별하게 만드는 핵심적인 요소는 아니라는 점이다.

그러나 지금부터 소개할 세 번째 지식은 바로 사람을 사람으로 만드는 핵심 요소다. 이것은 삶의 내부와 외부에서 발생하는 현상에 대한 단순한 감각적 이해를 넘어 가치를 매기고 그 가치를 이루기 위해 자신의 행위를 특정 방향으로 성공적으로 이끌어 가는 것인데, 그것이 바로 '초지식meta-knowledge' 또는 지혜다.

예를 들어 물에 빠진 사람을 알아차리고, 그가 빠진 원인과 현상 그리고 결과를 분석하는 이성적 능력은 지식의 단계에 머문다. 그러나 위험에 처한 그 사람이 내 삶과 어떤 관련이 있으며, 그를 향해 어떤 반응을 해야 옳은가 하는 생각은 정보와 지식 너머에 존재하는 '초지식' 또는 '지혜'에 관한 문제다. 지혜는 단지 효과적인 이성적 판단, 또는 더 진보된 형식의 지식만을 의미하는 게 아니다. 이해하는 것과 지식이 계산기라면, 지혜는 그 계산기를 만들 수 있는 능력을 말하며, 언제 계산기를 써야 하고 언제 쓸 수 없는지를 알게 하는 통찰력이다. 다시 말해 우리의 생각과 행동 그리고 결단을 더욱 사람답게 만드는 것이 지혜다.

사람답게 만든다는 말은 '자연답게' 또는 '동물답게' 만든다는 말과 전혀 다른 말이다. 이는 적자생존과 자연성에 근간해 계산기를 두드리는 것이 아니라 계산기를 통해 나올 수 있는 산술적 가치 너머에 있는 무언가를 보게 하고, 또 그것을 이루게 만드는 창조적 사고 능력이다. 이는 지혜가 넓이나 깊이에 있어 지식보다 더 심오하다는 말이다. 지혜가 지식보다 한 단계 높다는 이야기인데, 그 진화 과정을 살펴보면 더 잘 알 수 있다.

현상을 객관적으로 그리고 정확하게 인식해서 얻은 1차적 정보지식는 이미 존재하는 다른 정보와 비교, 대조, 통합 그리고 분석을 통해 새로운 지식이 된다. 그리고 바로 그 지식을 토대로 삶에 대한 가치를 세우고 또 그 가치를 위해 최선의 판단을 하고 행동으로 옮기게 된다면 초지식지혜을 손에 쥐게 되는 것이다. 따라서 인간의 삶을 사회과학의 측정 가능한 객관적 지식의 대상으로 보려는 시각은 위험하다.

자연적 세계 속에서는 1+1이 2가 되는 것이 객관적이고 우주적인 진리가 되지만 인간의 삶은 그렇지 않다. 1+1이 우주 전체가 될 수도 있는 것이 인간의 삶이다. 공동체를 향한 단 한 사람의 희생이 얼마만큼의 사회적 파급력을 가질 수 있는지는 지식의 계산기로 측정할 수 없다. 예수 한 사람의 죽음과 마호메트라는 한 아랍인의 지도력은 인류의 역사를 들었다 놓았다. 이들이 세상을 움직인 힘은 사물을 정확하게 이해하는 지식이 아니었다. 사람의 마음과 의식 그리고 의지까지 바꿀 수 있는 높은 차원의 안목과 힘을 가져다 준 지혜였다.

지혜의
선행 조건

　　사람을 사람답게 변화시킬 수 있는 지혜를 갖기 위해서는 적어도 몇 가지 선행 조건을 잘 알고 있어야 한다. 그 중 하나는 삶과 인생을 향한 거대 원칙을 먼저 수립해야 한다는 것이다. 지혜는 관계에 대한 현명한 이해와 대처이기 때문에 우선 타자에 대한 가치를 정확하게 세워 놓아야 한다. 나를 포함한 모든 인생이 활짝 핀 봄꽃처럼 아름답게 자라고 피어나야 할 권리가 있다는 사실이다. 예외 없이 모든 인생이 보배롭고 향기로울 자격이 있다는 말이다.

내 인생이 귀한 만큼 타자의 인생도 소중하다. 내 생각에 가치를 부여하는 만큼 타자의 생각과 감정도 고려해야 하고 내 고통만큼 타자의 아픔도 느낄 수 있어야 한다. 지혜는 다양한 인생들이 교통하는 현장 속에서 내 삶을 부드럽게 흘러가게 만드는 기술이기 때문에 '나'의 독재를 무너뜨릴 때만 가능하다. 다시 말해 모든 삶이 행복할 권리를 가지고 있다는 보편적 가치를 적극적으로 수용할 때 지혜로운 인생이 시작된다는 말이다. 따라서 지혜는 내 삶에만 유익을 주는 기술이 아니라 타자의 행복을 내 행복 안에 두는 성품이고 철학이다.

인생을 물 흐르듯 흘러가게 만드는 지혜는 우리가 가진 지식의 폭과 넓이를 확장할 때 그 빛이 발한다. 깊이는 있으나 넓이를 상실한 지식은 세상을 편협하게 보게 만든다. 인도에서 유래된 장님과 코끼리 이야기를 생각해보자. 코끼리를 한 번도 본적 없는 여러 명의 장님들이 코끼리를 만져보고 각자의 느낌과 경험으로 코끼리를 묘사한다. 코끼리의 머리를 더듬고 있는 장님은 그것이 항아리같이 생긴 동물이라고 말하고, 귀를 만지고 있는 장님은 곡물을 담는 까칠까칠한 채 같다고 말한다. 엄니를 만지고 있는 장님은 농기구인 보습과 같은 형태를 지닌 동물이라고 하고, 꼬리 끝을 쥐고 있는 장님은 그것이 마치 붓처럼 생긴 생물이라고 생각한다. 이처럼 모두가 스스로 경험하고 느낀 대상에 관해 정확한 지식을 전달하고는 있지만 그것들의 연계성 또는 일체성을 깨닫지 못했기 때문에 온전한 지식을 갖지는 못하고 있다.

삶의 지혜는 지식의 확장과 연결 그리고 통합에서 나온다. 세상에 관해 많이 그리고 깊이 아는 것도 중요하지만 그들이 어떻게 연결되어 있는지를 발견하고 큰 그림을 그릴 수 있어야 그 지식들이 가져다주는 진정한 가치를 경험할 수 있다. 그것이 바로 지혜다.

내 생각과 주장이 틀릴 수 있다는 겸손한 마음에서 지혜가 나온다. 내가 신이 아닌 이상 언제나 내 생각이 완벽하고 언제나 진리일 수 없다. 밖으로부터 다양한 사고와 대안을 환영하고 수용할 때 내 생각이 평가, 비교되고 또 온전해질 수 있다. 지식은 땅 속에서 발견한, 이미 굳어버린 화석이 아니고 변형과 개조, 심화, 팽창되어야 할 역동적인 생명체다.

한편 축적된 지식이 하나의 마음가짐 또는 성향으로 진화될 때 진정한 지혜가 나온다는 사실을 알 필요가 있다. 21세기의 지식은 집단지성의 산물이고 시대의 변화와 함께 진화되어 왔다. 농경사회나 산업화 이전 사회에서의 지식은 '노하우know-how'에 관한 습득이었다. 하루하루 자연과 더불어 살아나가며 그것이 던지는 도전에 대응하며 주변의 사용 가능한 사물을 생존을 위해 어떻게 잘 활용하는지 하는 도구성에 관한 지식이었다.

반면 20세기까지의 산업화 시기는 '노우 왓know what'의 지식을 습득하는 시기였다. 생존에 대한 관심을 넘어 나의 주변 세상을 개별적으로 밀도 있게 탐구 학습하는 시기였다. 이 시기에 우리는 세상과 사물이 돌아가는 체계를 이해하고, 벌어지는 현상들을 논리적이고 분석적으로 관찰하게 되었다. 다시 말해 사물을 향한 지식의 체계를 잡아 나가기 시작했다는 말이다. 이런 종류의 지식 탐구는 삶 속에서 절대적 규범을 형성하고 효과적인 통치를 위해 필요한 권위를 세우고자 했던 사회적 욕구와 맞물려 있었다. 팩트에 기초해 이론을 세우고, 그 이론의 근간 안에서만 사유하려고 하는 이런 의도는 나쁘게 이야기하면 질서와 경계를 향한 사회적, 시대적 강박관념의 산물이었다.

그러나 21세기 후기 산업사회는 우리의 지식이 생존에 필요한 도구성이나 무언가에 관한 정보를 가져다주는 1차원적 지평을 넘어서길 요구한다. 지식이 진화하고 숙성되면 새로운 마인드셋마음가짐을 형성하는 기초를 다지는데 이것이 지혜의 징조들이다. 지혜는 성품character이고, 성향disposition이고, 지향inclination/preference이다. 지식은 정확성을 추구하나, 지혜는 올바름을 추구한다. 정확성은 사물을 객관적으로 이해하게 하고 제대로 작동하게 만들지만, 지혜는 그것이 바른 방향으로 나아가게 한다. 지식은 간접 체험, 곧 학습을 통해 획득될 수 있지만 지혜는 경험을 통해 몸과 마음에 덕과 식견으로 뿌리를 내려야만 가능하다.

나는 21세기 청년이 궁극적으로 추구해야 할 지식은 성품으로, 덕으로, 행동으로 드러나야 하는 초지식, 곧 지혜라고 믿는다. 가진 지식을 활용해 예상치 않았던 신지식을 발견하고, 계획하지 않았던 유익을 타아에게 끼칠 수 있는 기술이 바로 지혜다. 사람과 세상을 세우고, 돕고, 치료하는 지식이 바로 지혜다.

사회에 참여하라

최고의 가치는 '인간의 존엄성'

나라살림을 하는 정치 지도자들이 기성세대에서 배출된다면, 시대가 필요로 하는 정의를 위해 정치에 영감을 불어넣고 그것에 새로운 방향을 제시하는 세력은 바로 청년에서 나온다. 이는 다른 어떠한 세대보다 청년이 시대 변화에 가장 민감하고 세운 목표에 대한 투지가 강력하기 때문이다.

　　특별히 대한민국 정치사를 본다면 청년의 역할은 그야말로 막중했다. 조선의 근대화를 위해 목청 높인 최초의 세대가 청년이었고, 일제강점기 때 목숨 걸고 대한민국 만세를 외친 장본인도 청년이었다. 오랜 정치적 암흑기를 가져온 군부독재의 폭정 속에서 민주주의와 정의를 부르짖고 희생했던 세대도 청년이었다. 시대의 부름에 가장 먼저 응답하고 행동한 세대가 청년이었다. 이처럼 대한민국 정치사 그리고 역사에서 수많은 청년의 정치 참여가 성공한 이유는 그들이 정치에 능숙했기 때문이 아니라, 정의를 이루기 위해 각성하고 노력했기 때문이다.

오늘날 많은 청년들이 정의를 향한 공동체의 요구에 무지하거나 요구를 무시하고 있다. 그리고 관심을 가진다 하더라도 정치의 참 의미와 기능에 관한 잘못된 이해와 기대 때문에 스스로 실족하는 사례가 빈번하다. 이 시점에서 정치 참여와 관련해 청년들이 꼭 생각해봐야 할 몇 가지가 있다.

당파적 사고에서
벗어나라

먼저 한국 정치에 있어 가장 큰 문제는 권력 쟁취를 위한 지나친 당파적 투쟁과 그로 인한 지속된 국론 분열이 아닌가 한다. 이는 정당정치를 허용하는 어느 나라에서나 쉽게 볼 수 있는 공통의 문제이기는 하지만 한국의 이념 대립과 정당 간의 갈등은 세계 어느 나라에 뒤지지 않는다.

정치를 정의하는 방법은 이론적으로 다양하다. 물론 어떤 정의가 옳은가는 정치 행위자에 달려 있다. 아리스토텔레스가 말했듯이 인간은 정치적 동물이다. 정치가 사회적 환경이 만들어낸 인위적 행위가 아니라 인간의 본성 중 일부라는 것이다. 공동체 속에서 살아가는 인간에게는 정치적 DNA가 존재한다는 것인데, 이 정치적 욕구를 어떻게 구현해 나가느냐는 문제는 존재론적 문제라기보다 더 포괄적인 관점에서 논의되어야 할 사회적이고 윤리적인 문제다.

그러나 정당 정치를 허용하는 사회에서 많은 사람들은 정치를 단순히 권력 획득을 위한 행위로 바라본다. 하버드에서 정치 철학을 가르치는 하비 맨스필드Harvey Mansfield는 '정치는 단순히 편을 취하고 가르는 것'이라고 정의했고, 미국 일리노이대 교수인 클라우제비츠Clausewitz는 그가 쓴 『전쟁론On War』에서 '정치는 전쟁의 연장선이며, 그것의 또 다른 형태'일 뿐이라고 말했다. 마찬가지로 마오쩌둥Mao Zedong은 '정치는 피 없는 전쟁'이라고 정의했다. 한 마디로 정치는 이해 충돌에서 발생하는 사회적 현상이고 도구이며, 정권을 획득해서 자신들의 이해를 관철하기 위한 혁명적 수단이라는 것이다. 여당 야당 할 것 없이 오늘날 대한민국의 많은 정치인들 그리고 청년 운동가들이 이러한 호전적 정의에 무게를 두고 있지 않나 생각한다.

대부분의 사람들은 정치에 참여하는 순간 한 쪽 편을 들길 강요당한다. 보수든 진보든, 여당이든 야당이든 어느 한쪽을 택해야 할 것 같은 상황에 직면한다. 야당이면서 여당의 행위를 칭찬하거나 그 정책을 지지하는 것은 좀처럼 상상하기 쉽지 않다. 왜냐하면 한국에서 정치는 맨스필드가 정의한 것처럼 '편을 드는 것'이기 때문이다.

만약 정치가 단순히 어떤 당에 속하고 그것에 편을 드는 것이라면 지지자가 자신의 당이 쏟아내는 수많은 아이디어와 정책들에 관해 객관적인 판단을 통한 주관적인 결정을 하기가 쉽지 않을 것이다. 왜냐하면 편에 속한 이상 충성이 강요되고 그 충성은 총체적, 일괄적 지지를 강요하기 때문이다. 총체적, 일괄적 지지라 함은 예외 없는 지지를 말한다. 어떤 이슈에 관해서는 자당의 정책을, 또 다른 이슈에 대해서는 타당의 것을 지지하기가 쉽지 않다는 말이다. 정치 참여자의 자유롭고 독립적인 그리고 개인적이고 비판적인 사고와 결정을 막는 것이 정당정치의 폐해이고 대한민국 정치가 바로 그것을 적나라하게 보여주고 있다.

그러나 정치는 편을 드는 것도, 집단에 속해 그것을 무차별적으로 지지하는 행위도 아니다. 정권 획득에 초점이 맞춰진 정의는 특별히 개인의 자유와 권리 그리고 행복권이 모든 인간에게 인정되어야 하는 21세기의 공동체와는 걸맞지 않은 접근이다.

한편, 자신이 권력을 잡지 않으면 공동체가 무너질 것이라는 생각은 주로 혼돈과 위기의 역사적 상황에서 나타나는 호전적 정치 관념이지만 오늘날의 청년들에게도 쉽게 발견된다. 민주주의냐 공산주의냐, 민족주의냐 사대주의냐 또는 식민지냐, 공화제냐 왕당제냐 하는 이원론적 정치 관념은 프랑스 시민혁명이나 영국 시민전쟁이 발발했던 극단적 역사적 상황에서 주로 발생했다.

그러나 법치를 통해 세워진 민주주의 체제 내에서 나와 우리 아니면 망한다는 식의 영웅주의는 시대착오적 사고나 과대망상 또는 오만에 가깝다. 상대방을 나와 동일하게 이성을 가진 존재로서 받아들이고, 그도 기본권과 자유를 가지고 있고, 나와 같은 공동체의 구성원이라는 사실을 인정하게 되면 권력과 정권 획득이라는 투쟁적 목표는 무의미해진다.

헤이우드Haywood가 정의한 것처럼 정치는 정권 획득을 위한 수단이 아니라 삶을 가이드할 규범을 만들고 그것을 지키고 시대의 상황과 요구에 따라 수정하는 따위의 포괄적 기술과 덕을 요하는 사회적 행위다. 누가 권력을 잡고 어떤 이데올로기로 공동체를 다스리느냐 하는 생각은 정치를 향한 지나친 낭만적인 사고다. 정부를 세워 사회를 통제하고, 공공의 이익을 위해 공무를 수행하고, 다양한 이해관계에서 벌어지는 충돌을 합의와 타협으로 조정하고, 공동체의 권력과 자원을 평등하고 공정하게 분배하는 것이 진정한 의미의 정치다.

이원론적인 정치 관념을
버려라

오늘날 많은 청년들이 보수든 진보든 한쪽으로 쏠려 있는 경향이 심각하다. 상대 당의 정책을 열등하다고 생각하거나, 상대

당의 사람을 혐오하기도 하고 심지어 당의 태생적 원죄를 지적하며 무조건적으로 그들의 생각을 반대하기도 한다. 그러나 정치는 옳고 그른 것을 밝히고 정죄하는 재판 행위도 아니고, 누가 더 선하고 악한지를 평가하는 윤리 경쟁도 아닐뿐더러, 어느 진영이 논리적으로 더 설득력이 있고 합리적인지를 검증하는 과학 행위도 아니다.

비스마르크Bismarck가 '가능성의 예술the art of possibility'이라고 말한 것처럼 21세기의 이상적 정치는 다양하고 복잡한 이해관계를 가진 이성적 구성인들이 공동체의 안녕이라는 대전제와 목표 하에 대화와 타협 그리고 합의라는 절차적 민주주의를 통해 실현 가능한 수단을 고안해내고 그것을 수행하고 평가하고 끊임없이 조정해나가는 사회적 행위다. 그러므로 우수한 정치 행위는 복잡하게 얽히고설킨 이해관계를 발전적으로 풀어나가게 하는 기술을 개발하고, 상호 신뢰를 바탕으로 그 기술을 성실하게 수행해나가는 사회적 덕의 문제이다.

정확하고 풍부한 지식을 가지고 있다 해서 좋은 정치를 할 수 있는 것은 아니다. 서로 다른 의견을 가진 구성인들을 이해시킬 수 있는 지성과 노력 그리고 때에 따라 자신의 이익을 양보할 수 있어야 좋은 정치를 할 수 있다는 말이다. 체코 정치인 바츨라프 하벨Vaclav Havel은 '성공적인 정치는 정의로운 정파로 하여금 권력을 갖게 하는 것이 아니라 공동체를 세우고 섬기는 것'이라 했다. 좌파든 우파든, 진보든 보수든 동일한 공동체의 구성원이라면 서로 존중하고 함께 가야 한다는 의식을 놓치지 말아야 한다. 정치라는 것이 차이에 대한 관용과 양보를 사회적으로 그리고 제도적으로 실현하는 행위라는 사실을 잊어서는 안 된다.

오늘날 한국의 정치 현장을 들여다보면 아군 아니면 적군, 민주 세력 아니면 독재 세력, 개혁 아니면 수구 세력이라는 이원론적 사고가 팽배해져 있음을 쉽게 느낄 수 있다. 경제론과 복지론 같은 이념 간의 대립뿐 아니라 세대 간의 대립 또한 극명해졌다. 이런 상황에서 새 정치 문화를 열기 위해서는 청년이 희생하고 앞장서야 한다. 자기가 속한 세대의 가치와 문화 그리고 세계관에 안주한 기성세대가 변화되길 기대할 수는 없는 일이다. 왜냐하면 기성세대는 나이의 문제가 아니라 의식의 문제에 갇혀 있기 때문이다. 의식 속에서 옳고 그른 것의 경계선이 화석처럼 굳어져 버린 세대, 자아 성찰과 반성의 필요를 느끼지 못하는 세대, 삶과 세상의 발전을 향한 희망을 상실한 세대가 기성세대다.

적어도 이 시대의 청년은 위기의 시대가 만들어놓은 호전적이고 이원론적인 정치 관념과 의식을 버려야 한다. 내가 살기 위해 너를 죽여야 하는 시대는 지나갔다. 대중 간의 정보 소통은 더욱 투명하고 빨라졌고 다양한 공동체의 이해를 표현할 수 있는 대표 정치도 원활해졌다. 국가의 최고 통수권자인 대통령조차도 직무 능력과 도덕성의 검증과 평가에서 자유롭지 않은 시대가 열렸다.

무엇보다 공동체 내에서 정의와 불의에 대한 기본적 기준이 확립된 시대가 열렸다. 그런데도 보수든 진보든 틈만 나면 민주주의 위기라고 호들갑을 떠는데 이는 엄밀히 따지면 선진 정치의 부재나 위기일 뿐이다.

정치적 인간이 지녀야 할 최고의 가치
'인간의 존엄성'

　정치 활동에 참여하는 모든 이들이 잊지 말아야 할 대전제 중 하나는 공동체를 이루는 모든 구성인은 인간으로서 양도 불가의 권리를 지닌다는 기본적 진리이다. 양도 불가의 권리란 존 로크John Locke의 사회계약설이나 토마스 제퍼슨Thomas Jefferson이 쓴 미국 초대 헌법에 명시되어 있는 인간의 존엄성을 유지하기 위한 최소한의 자연적 기본권이다. 이는 타인의 자유를 침해하지 않는 범위 내에서 행사할 수 있는 최대의 자유 보장과 생명권 그리고 행복 추구권을 일컫는다. 나아가 표현의 자유, 사유재산의 자유, 종교의 자유 그리고 평등권까지 포함한다.

　이러한 권리들은 구성인들 간의 경쟁을 통해 획득되는 보상이 아니다. 인간이라면 당연히 가져야 할 자연권natural rights이다. 양도 불가의 권리가 전제된 후에야, 개인들의 자유경쟁으로 인해 발생하는 추가적 이익에 따른 차별성이 정당화될 수 있는 것이다.

목숨이 위태로운 긴박한 상황에서 응급실로 실려 간 환자가 보험과 돈이 없다고 치료를 받지 못해 죽는 사회는 인간의 살 권리조차 사회적 경쟁의 일환으로 보는 야만적 사회나 다름없다. 경제적, 사회적, 정치적 또는 어떤 다른 이유에서든지 생존의 위기에 처한 사람을 돕는 것은 자연의 이치다. 적자생존의 법칙에 지배당하는 동물의 세계는 살고 죽는 것이 각자의 능력 또는 운명의 문제이겠지만, 타인을 내 몸처럼 사랑할 수 있고 때로는 자신의 이익을 희생할 만큼의 연민을 가질 수 있는 '특수 종special species'인 인간에게 삶이란 경쟁의 산물이 아니라 기본적인 권리이다. 자원이 허락하는 한, 사람은 동물이 아니라 사람답게 살 권리, 사람답게 죽음을 맞이할 권리를 가지는 것이다.

청년들이여, 정치 현장에서 어떤 정당과 어떤 정책을 지지하건 간에 사람으로서 지니는 양도 불가의 권리를 타협의 대상으로는 삼지 말자.

다양성의 가치와 힘을 수용하라

새 시대를 여는 정치를 위해서는 '다양성의 가치와 힘'을 적극적으로 수용해야 한다. 다양성의 가치를 인정하고 이를 발전적으로 활용하는 것은 21세기에 필요한 가장 강력한 힘이요 지혜다. 이념을 수립하고 정책을 만들고 또 그렇게 공동체를 이끌어나갈 때 다문화, 다인종 그리고 다양한 주장과 견해를 폭넓게 품을 수 있으며, 이는 이 시대의 요청이다.

순혈주의를 강조하는 좁은 의미의 민족적 자긍심이나 애국심은 글로벌 사회로 표현되는 21세기의 시류와 걸맞지 않다. 넓은 의미의 순혈주의는 좁은 의미의 지역주의, 파벌주의, 당파주의 그리고 학벌, 족벌로 뭉치고 흩어지면서 차별적 사회를 만들어나간다. 내 생각, 내 이익, 내 가족, 내 공동체 그리고 내 민족만 생각하는 지엽적인 안목으로는 복잡 다양한 현대 사회를 정확히 통찰할 수 없고, 폭넓은 의미의 정의 사회를 구현할 수 없다.

앞서 언급한 것처럼 정치는 진리를 찾고 선포하는 예언자적 행위가 아니고 누가 더 착한지를 뽑는 도덕 경쟁도 아니다. 다른 것을 인정하고 그것과의 힘겨운 논의를 통해 모두가 함께 양보하고, 서로를 견디고 살아가게 만드는 장치를 고안하는 것이 정치다. 청년들이 다양성의 가치와 중요성을 인정한다면 대한민국의 정치는 분명 밝을 것이다.

대한민국도 이미 이민자가 200만 명을 넘어섰고, 농촌 남성의 25%가 외국인 배우자와 결혼한 상태다. 지난 5년간 결혼한 여덟 쌍 가운데 한 쌍이 국제결혼을 했다고 보면 된다. 단일민족이 자긍심으로 여겨졌던 시대는 자국의 정체성 확보가 공동체 생존의 필연적 수단이었던 민족 국가 형성의 시기였다. 인터넷을 통해 형성된 사이버 공동체와 인간관계는 현실의 물리적 공동체에서 발생하는 가치를 이미 넘어섰다. 담장을 함께한 이웃, 심지어 피를 나눈 가족보다 페이스북 공동체에서 만난 친구와 사람들과의 교류와 소통이 더욱 강력해진 세상이 되었다.

허물어진 국경과 신속한 운송 수단으로 인해 타문화, 타민족과의 교류가 어느 때보다 활발하고 긴밀해졌고, 우리 고유의 맛과 멋 그리고 생각과 가치만을 최고로 생각하고 살기에는 세상이 너무 풍요롭고 역동적으로 변했다. '내 것'과 '다른 것들'을 손쉽게 접할 수 있게 되었을 뿐 아니라 그것들의 독특한 가치를 쉽게 누리고 공유할 수 있는 탈경계의 사회가 되었다는 것이다.

비스마르크의 정의가 맞는다면 정치의 꽃은 타협이다. 타협은 서로 다른 것들 간의 정의로운 조화로서, 21세기의 복잡 다양한 사회 속에서 정치가 어디로 가야 할지에 대한 명확한 방향을 제시한다. 어느 공동체든 '다름'은 필연적으로 존재하고, 다름이 곧 열등함이 아니라는 사실을 받아들여야 한다. 삼라만상은 다양한 사람들에게 다양한 형식으로 존재하고 또 그렇게 다양하게 이해될 수밖에 없다. 다차원이라는 말이다.

특별히 정치적 결단을 요구하는 이슈는 공동체가 함께 풀어나가야 하는 문제들이다. 적어도 열린 지성과 마음을 가진 청년은 당파적인 관점으로 정치에 접근해선 안 된다. 나와 다른 의견은 내 유익의 가시thorn가 아니라 또 다른 자산asset으로 해석되어야 한다. 다른 의견이라도 공동의 선이라는 단일한 목표 하에 나왔다면 내가 혹시 놓치고 있을 가치를 찾도록 노력해야 한다.

　노벨상 제정 이후 1901년부터 1932년까지 가장 많은 수상자를 배출한 나라는 독일이었다. 영국에서 18명, 미국에서 5명의 수상자들이 배출된 반면 독일은 33명의 사람들이 상을 받았다. 이것은 독일인들이 유난히 명석한 두뇌를 가지고 있었기 때문이 아니라 당시 이민 정책을 가장 강력하게 수행한 나라가 독일이었기 때문이다. 유대인들을 포함한 세계 곳곳에서 온 이민자들이 독일 전체의 지성을 업그레이드했던 것이다. 그런데 독일이 순혈주의를 강조했던 1943부터 1980년까지는 단지 8명의 수상자들을 배출했다는 사실을 기억해야 한다. 다양성의 힘을 등한시했던 결과로 볼 수 있다.

　나와 다른 환경에서 자라고, 다른 생각을 가지고 있는 사람들과 더불어 일할 때 나 혼자서는 쉽게 발견하지 못하는 흠을 보게 되고 홀로 생각해낼 수 없는 기발한 사고를 하게 된다. 한 예로 2차 세계대전 때 영국 정부는 런던 근교에 있는 블랫철리 파크Blatchley Park라는 곳에서 무려 1만 2천 명을 동원해 독일 정부의 암호문을 해독하게 만들었고 두 번이나 성공할 수 있었다. 다양한 환경에서 형성된 사고들의 연합이 이루어낸 열매였다.

　다문화다가치 사회로 급속히 이동하고 있는 대한민국도 정치 현장에서 다양성의 존중은 선택사항이 아니라 필수적 덕목이 되었다. 오랜 기간 동안 국가 통합의 발목을 잡아온 좌우 대립은 이론적 잣대로 볼 때는 허상이다. 정치가들이 만들어내는 정책은 객관적 잣대로 규정할 수 있는 좌파적 또는 우파적 성격을 지니지 않는 것처럼 보인다. 이는 단지 누가, 어떤 정당에서 정책을 만드느냐라는 입안 주체의 정체성에 관한 주관적 규정일 뿐이다.

경계를 넘어
: 탈민족, 탈국가적 정치의식

청년이 정치 현장에서 가져야 할 또 다른 덕목은 탈민족, 탈국가적 안목이다. 새로운 것은 안으로부터 나오기도 하지만 자신의 안목을 내 존재, 내 공동체 밖으로 확장하고 밖으로 마음과 지성의 문을 열었을 때 생겨나기도 한다. 다시 말해 정치 활동에서의 창조적 능력은 자신이 가지고 있는 것 이상을 보고, 느끼고, 기대하고, 상상할 때 극대화된다는 말이다. 자신 안에 갇혀서는 변화와 성장을 기대할 수 없다. 우리가 직접적으로 속한 공동체의 안녕과 발전을 기대하는 것은 자연적인 욕구다. 그러나 그 이상을 볼 수 있는 것이 참 인간의 능력이다. 인간의 진정한 삶은 타자와 더불어 이해하고 협력하고 살 때 그 빛을 발한다는 뜻이다.

오늘날 민족과 국가에 관한 과도한 집착은 '애국'이라는 이름으로 미화되고 정화되어 청년들이 꼭 가져야 할 덕목처럼 여겨지지만 나는 시대에 역행하는 사고라고 말하고 싶다. 21세기를 사는 청년은 민족과 국가 그리고 그것이 만들어놓은 역사와 정체성을 넘어 더 큰 그림을 봐야 한다. 그 그림은 공동체에 관한 새로운 인식이다.

나는 정의를 위해서라면 민족과 국가를 뛰어넘을 수 있어야 한다고 믿는다. 왜냐하면 서울 사람, 한국인이기 이전에 벌거벗은 한 인간이기 때문이다. 그래서 청년들이 정치 현장에 뛰어들 때 공동체에 관한 폭넓은 안목을 지녔으면 한다. 정의를 이루는 것은 인간의 본유적 소명이고 시대와 공간을 뛰어넘는 존재론적 욕구이기도 하다. 정의는 지역과 민족, 국가의 반경에서만 적용되는 상대적 도덕률이 아니다. 인간이 함께 일구어나가야 할 일반적이며 우주적인 가치다.

어차피 민족이나 국가는 시대의 요구가 인위적으로 만들어놓은 체제에 불과하다. 절대적이지도 않고 영원불멸하지도 않다. 왕국은 뭉치기도 흩어지기도 하고 또 성하기도 쇠하기도 한다. 그러나 정의를 향한 인간의 요구는 사라지지 않는 정치 행위의 영감이요 원동력이다. 청년이 정치적으로 속해야 할 공동체는 민족도 나라도 아닌 '정의의 공동체'라고 생각한다.

정의 공동체는 공동체이기는 하나 제도로 만들어져 실재하는 조직이나 기구가 아니다. 인간의 의식 안에 존재하는 기본적이며 절대적인 개념이고 가치다. 인간은 적어도 자신의 의식에서만큼은 정의 공동체의 구성인이 되어야 한다.

　　나는 탈민족적, 탈국가적 정치의식이 우리 시대의 청년들로 하여금 숭고한 이상을 품게 하고, 눈앞에 보이는 유익보다는 앞으로 도래해야 할 정의 공동체를 바라볼 수 있게 한다고 믿는다. 자신이 속한 종교, 문화, 민족 그리고 국가의 이해를 뛰어넘을 수 있는 정치적 식견과 야망을 가진 많은 청년들이 존재한다면 한국의 미래뿐 아니라 인류의 미래는 밝을 것이다.

청년 예수 · 붓다 · 마호메트에게서 배우는 실존적 삶의 비결

청년의 빅퀘스천

초 판 1쇄 찍음 2016년 6월 20일
초 판 1쇄 펴냄 2016년 6월 25일

지은이 이성청
펴낸이 김선영
펴낸곳 책으로여는세상

기획 안동권 │ **편집** 김선영 │ **디자인** Design Hada

출판등록 제2012-000002호
주소 (우)12572 경기도 양평군 강상면 강상로 476-37
전화 070-4222-9917 │ **팩스** 0505-917-9917 │ **E-mail** dkahn21@daum.net

ISBN 978-89-93834-44-4 (03100)

책으로여는세상

좋 · 은 · 책 · 이 · 좋 · 은 · 세 · 상 · 을 · 열 · 어 · 갑 · 니 · 다

이 도서의 국립중앙도서관 출판예정도서목록(CIP)은 서지정보유통지원시스템 홈페이지(http://seoji.nl.go.kr)와
국가자료공동목록시스템(http://www.nl.go.kr/kolisnet)에서 이용하실 수 있습니다.(CIP제어번호 : CIP2016013414)